关键信息基础设施安全保护系列丛书
本书由网络安全应急技术国家工程实验室指导翻译

Understanding Cybersecurity Management in FinTech
Challenges, Strategies, and Trends

金融科技
网络安全管理解读
挑战、策略及趋势

著　［加］古依迪普·考尔（Gurdip Kaur）
　　［西］兹巴·哈碧比·拉什卡里（Ziba Habibi Lashkari）
　　［加］阿拉希·哈碧比·拉什卡里（Arash Habibi Lashkari）

译　吕晓强　李吉慧　魏　巍

电子工业出版社
Publishing House of Electronics Industry
北京·BEIJING

First published in English under the title
Understanding Cybersecurity Management in FinTech: Challenges, Strategies, and Trends
by Gurdip Kaur, Ziba Habibi Lashkari and Arash Habibi Lashkari
Copyright © Gurdip Kaur, Ziba Habibi Lashkari and Arash Habibi Lashkari, 2021
This edition has been translated and published under licence from
Springer Nature Switzerland AG.

本书简体中文版专有翻译出版权由 Springer Nature 授予电子工业出版社在中华人民共和国境内（不包含香港特别行政区、澳门特别行政区和台湾地区）销售。专有出版权受法律保护。

版权交易合同登记号　图字：01-2023-2533

图书在版编目（CIP）数据

金融科技网络安全管理解读：挑战、策略及趋势 /（加）古依迪普·考尔（Gurdip Kaur），（西）兹巴·哈碧比·拉什卡里（Ziba Habibi Lashkari），（加）阿拉希·哈碧比·拉什卡里（Arash Habibi Lashkari）著；吕晓强，李吉慧，魏巍译. —北京：电子工业出版社，2024.3
（关键信息基础设施安全保护系列丛书）
书名原文：Understanding Cybersecurity Management in FinTech: Challenges, Strategies, and Trends
ISBN 978-7-121-47423-1

Ⅰ. ①金… Ⅱ. ①古… ②兹… ③阿… ④吕… ⑤李… ⑥魏… Ⅲ. ①金融－科学技术－网络安全　Ⅳ. ①F830-39

中国国家版本馆 CIP 数据核字（2024）第 050449 号

责任编辑：孙杰贤　　　　文字编辑：韩玉宏
特约编辑：刘艳华
印　　刷：三河市华成印务有限公司
装　　订：三河市华成印务有限公司
出版发行：电子工业出版社
　　　　　北京市海淀区万寿路 173 信箱　邮编 100036
开　　本：720×1 000　1/16　印张：11.25　字数：252 千字
版　　次：2024 年 3 月第 1 版
印　　次：2024 年 3 月第 1 次印刷
定　　价：88.00 元

凡所购买电子工业出版社图书有缺损问题，请向购买书店调换。若书店售缺，请与本社发行部联系，联系及邮购电话：（010）88254888，88258888。
质量投诉请发邮件至 zlts@phei.com.cn，盗版侵权举报请发邮件至 dbqq@phei.com.cn。
本书咨询联系方式：（010）88254132，fengxp@phei.com.cn。

出版说明

在信息时代,关键信息基础设施的重要性毋庸置疑。现代社会深度依赖数字技术和互联网连接,这些设施支撑着政府运转、企业生产经营和民众的日常生活。对关键信息基础设施的保护,不仅关系到国家安全和经济稳定,还会直接影响财产数据安全和个人隐私。有效的保护措施不仅需要技术方案,还需要政策法规和全球协作。通过上述方式可以确保网络和数据的安全,防止潜在的网络攻击、数据泄露和服务中断,从而维护社会的稳定和繁荣。

信息技术的快速发展和网络全球化意味着各种威胁会跨越国界。在我国关键信息基础设施保护的探索和实践中,借鉴国际相关经验至关重要。"他山之石,可以攻玉",通过学习其他国家和组织在关键信息基础设施保护方面的最佳实践和经验,可以使国内相关机构和个人更好地应对不断演进的威胁,提高安全防御能力,以确保网络的弹性和可靠性,同时促进人们更加重视国际协作和信息共享,以应对全球性的网络威胁。

本丛书的目的是介绍关键信息基础设施保护的制度、原理、技术、框架、模型、体系、规则、标准和最佳实践,归纳国际通行做法与先进经验,为进一步做好我国关键信息基础设施安全保护提供借鉴。本丛书由一册总论和若干分册组成:总论针对关键信息基础设施保护概念、范畴、规范等共性内容进行讨论;分册将重点对电力、金融等多个不同行业的个性场景、需求和最佳实践进行分析。

本丛书的阅读对象包括关键信息基础设施保护领域的从业者,政府机构和监管部门管理者,企业高管、风险管理人员和安全专家,学术界和研究人员,以及对信息安全和基础设施保护感兴趣的所有读者。

本丛书的独特之处在于将理论与实践融为一体,为读者提供了全面的理论指导和丰富的实践案例。每本书均由相关领域的国际权威专家撰写,结合最新的趋势、案例研究和最佳实践,为读者提供高质量的内容。本丛书由电子工业出版社华信研究院网络技术应用研究所与深信服产业研究院共同策划引进,并邀请国内网络安全行业知名专家和学者翻译。华信研究院网络技术应用研究所所长冯锡平博士牵头策划了本丛书,协调了丛书的出版工作,并参与了部分章节个别重要段落的翻译或校对工作。姜红德等人参与了图书出版流程和部分编辑加工工作,为丛书顺利出版提出了一些有益的意见。

本丛书属于引进版权图书,为了遵守版权引进协议,同时为了保持原版图书的风格，我们保留了原版图书参考资料的引用规范和引用顺序。同时，由于本丛书中部分图书的个别文献引自国外网页，存在链接动态更新的可能性，为方便读者查阅更新的参考资料，我们调整了将大段参考资料置于章末的传统做法，在各章末设置了二维码，读者可通过"扫一扫"功能查阅各章参考资料。

由于时间仓促，书中的疏漏、错误之处在所难免，敬请各位专家和读者批评指正，以便在日后修改完善。

关 于 作 者

古依迪普·考尔是加拿大新不伦瑞克大学加拿大网络安全研究所的博士后研究员。她不仅是美国计算机行业协会认证的网络安全分析师（CySA+，CompTIA certified CyberSecurity Analyst），也是印度旁遮普技术大学的技术学士学位金牌得主，还持有印度理工学院计算机科学与工程博士学位，专攻恶意软件分析。2013年，她因"以科研为目标的高交互性蜜罐的实施和部署"项目，荣获国防和研究论坛（NDRF，National Defense and Research Forum）颁发的银质奖章。她的主要研究领域为网络安全、恶意软件分析、逆向工程、漏洞管理、事件报告和数据科学。

兹巴·哈碧比·拉什卡里是西班牙马德里理工大学组织工程、商业管理和统计系的金融学助理教授，曾参与由西班牙经济部资助的"金融衍生品定价中结构性股票动态模型分析"项目。她在金融管理领域拥有超过15年的学术和行业经验，重点研究领域为资产定价、风险管理、数字金融领域的网络安全风险、金融科技领域的数据科学。

阿拉希·哈碧比·拉什卡里是电气与电子工程师协会（IEEE, Institute of Electrical and Electronics Engineers）的高级会员，现任新不伦瑞克大学计算机科学学院副教授，也是加拿大网络安全研究所的研究协调员。拉什卡里博士拥有20余年的教学经验，曾任职于多所国际大学，在国际计算机安全竞赛中荣获过15个奖项（包括3个金奖）。2017年，他入选"塑造加拿大未来的150名研究人员"名单。2020年，拉什卡里博士因其独创的教学方法——"Think-Que-Cussion"获得新不伦瑞克大学著名教学创新奖。他撰写了10本书籍及90多篇关于网络安全的学术论文，是"了解网络安全系列"项目的创始人。该项目通过持续研究和开发，为各级研究人员和读者量身打造各种在线文章、书籍、开源包和数据集，其首篇文章——《了解加拿大网络安全法》在2021年远程举办的"2020年加拿大在线出版奖项"评选活动中获得金奖。拉什卡里博士拥有20多年的网络、软件和计算机安全方面的行业开发经验，目前主要从事保护网络安全系统漏洞的检测技术开发工作。同时，他还管理多个专注网络流量分析、恶意软件分析、蜜网和威胁狩猎项目的研发团队。

前　　言

　　如果你曾进行过线上支付，那就意味着你可能接触过某种形式的金融科技（英文简称"FinTech"）。金融科技是指技术创新与金融服务行业交汇的一个空间，作为一个广义术语，其包括一系列技术策略，其中许多策略要么改善现有金融产品和服务的功能，要么促使金融行业开发全新的技术解决方案。在这个技术快速变革的时代，银行和其他金融机构急需对基本业务结构进行彻底反思和重振，尤其是属于金融科技范畴的业务结构。

　　在快速采用金融科技方面，最常见的担忧之一是此类服务可能会使组织实体及个人消费者遭受更多的隐私和数据安全泄露风险。这些风险一旦被他人恶意利用，就会对行业造成严重影响。随着数字平台的快速发展，金融科技行业变得更容易受到数字网络安全环境的影响。与此同时，在疫情暴发时，大量消费者在封控条件下生活和办公，人们对传统实体金融机构的依赖越来越小，使得消费者渴望获得更安全、更有保障、更可靠的数字金融服务。

　　本书探讨了一系列影响提供特定金融服务的银行和其他金融机构的网络安全问题。由于复杂的金融系统面临技术和运营双重网络安全挑战，本书提出了"金融科技信息安全治理框架"建议，旨在指导企业、董事会成员、董事和管理人员，尽力保护关键数据免受不可预见的网络攻击。在金融科技生态系统和环境下所产生的网络安全问题，与其他领域存在不尽相同之处，本书给出了一些独特的洞察，包括驾驭网络威胁、检测脆弱性、缓解风险，以及创建积极的治理框架、政策和基础设施等内容，以期设计一个金融科技领域的综合网络安全框架，供银行和其他金融机构提供相关服务时使用。

加拿大新不伦瑞克省弗雷德里克顿　古依迪普·考尔

西班牙马德里　兹巴·哈碧比·拉什卡里

加拿大新不伦瑞克省弗雷德里克顿　阿拉希·哈碧比·拉什卡里

2021 年 5 月

目 录

第 1 章 金融科技及重要对象介绍 ... 1
1.1 金融科技介绍 ... 2
1.2 金融科技的重要性 ... 4
1.3 大数据和金融科技 ... 5
1.4 金融科技对全球经济的影响 ... 7
1.5 金融科技与银行业 ... 8
1.6 金融科技和网上银行 ... 10
1.7 金融科技的演变 ... 11
1.8 金融科技生态系统 ... 11
1.9 金融科技的应用 ... 12
1.10 本章小结 ... 14
参考资料 ... 14

第 2 章 网络安全介绍 ... 15
2.1 网络安全的定义 ... 15
2.2 动机 ... 16
2.3 CIAAA 原则 ... 16
2.4 网络安全威胁 ... 18
2.5 网络安全攻击 ... 19
2.6 网络安全分析 ... 20
2.7 网络安全为何重要 ... 22
2.8 数据科学和主要数据破坏者 ... 23
2.9 NSA 的信息安全三要素 ... 27
2.10 以数据为中心的安全管理 ... 28
    2.10.1 以数据为中心的安全循环 ... 29
    2.10.2 以数据为中心的安全管理的特点 ... 30
    2.10.3 以数据为中心的安全管理的问题 ... 30
2.11 本章小结 ... 31
参考资料 ... 31

第3章 金融科技领域的信息安全治理·······32
3.1 信息安全治理的定义·······32
3.2 信息安全治理解决方案·······34
3.2.1 信息安全治理规划·······34
3.2.2 信息安全策略与标准·······35
3.2.3 信息安全战略规划·······36
3.2.4 信息安全角色与职责·······37
3.2.5 资产安全治理·······38
3.2.6 适合组织的治理结构·······39
3.2.7 供应商和第三方·······40
3.2.8 信息安全治理评估工具·······41
3.3 现有的信息安全治理模型·······42
3.3.1 信息安全治理的基本模型·······42
3.3.2 信息安全治理的扩展模型·······43
3.3.3 综合信息安全治理模型·······44
3.4 何谓有效和高效的信息安全治理·······45
3.5 综合治理机制·······47
3.5.1 治理的作用·······47
3.5.2 公司治理·······48
3.5.3 良好治理的原则·······48
3.5.4 开展治理审查的原则·······49
3.6 综合安全治理·······49
3.6.1 战略整合·······49
3.6.2 网络风险缓解方法·······50
3.6.3 决策的适应性和敏捷性·······51
3.6.4 良好治理的报告框架·······51
3.7 有效实施可持续发展战略·······52
3.8 综合安全治理框架·······53
3.9 综合框架评估·······55
3.9.1 治理结构·······55
3.9.2 管理层结构·······55
3.9.3 运营性基础设施·······56
3.9.4 薪酬和现金流·······56
3.10 金融科技领域适用的信息安全治理模型·······56

3.11	本章小结	58
参考资料		58

第 4 章　金融科技领域的网络安全威胁　59

4.1	了解网络安全威胁	60
4.2	了解对手	61
4.3	金融科技领域的网络安全威胁类别	62
4.4	网络安全威胁主体	67
4.5	网络安全威胁情报	70
4.6	金融科技领域网络安全威胁建模的结构化方法	71
	4.6.1　关注资产	71
	4.6.2　关注攻击者	72
	4.6.3　关注软件	72
4.7	威胁建模	72
4.8	金融科技领域最佳网络安全威胁建模方法	75
	4.8.1　STRIDE 模型	76
	4.8.2　Trike 模型	77
	4.8.3　VAST 模型	77
	4.8.4　PASTA 模型	78
4.9	本章小结	79
参考资料		80

第 5 章　金融科技领域的网络安全漏洞　81

5.1	金融科技领域的常见网络安全漏洞	81
5.2	金融科技领域的特殊网络安全漏洞	84
	5.2.1　技术漏洞	84
	5.2.2　人员漏洞	86
	5.2.3　交易漏洞	88
5.3	评估金融科技领域的网络安全漏洞	89
5.4	金融科技领域网络安全漏洞的常规缓解策略	90
5.5	本章小结	93
参考资料		93

第 6 章　金融科技领域的网络安全风险　94

6.1	风险的定义	94
6.2	网络安全风险的定义	95
6.3	网络安全风险的生命周期	98

- 6.4 风险评估 ································· 100
- 6.5 风险分析 ································· 101
  - 6.5.1 程序 ································· 102
  - 6.5.2 策略 ································· 103
  - 6.5.3 模型 ································· 103
- 6.6 风险缓解 ································· 105
- 6.7 风险监测与审查 ································· 106
- 6.8 金融科技领域风险管理的挑战 ································· 107
- 6.9 应对金融科技领域的不确定性 ································· 108
- 6.10 不确定性的种类 ································· 109
- 6.11 降低不确定性 ································· 109
- 6.12 处理金融科技领域网络安全风险的不确定性 ································· 110
- 6.13 本章小结 ································· 111
- 参考资料 ································· 112

第7章 安全金融市场基础设施 ································· 113
- 7.1 金融市场基础设施的定义 ································· 113
  - 7.1.1 支付系统 ································· 114
  - 7.1.2 中央证券托管机构 ································· 115
  - 7.1.3 证券结算系统 ································· 116
  - 7.1.4 中央对手方 ································· 116
  - 7.1.5 交易报告库 ································· 118
- 7.2 系统重要性支付系统的脆弱性 ································· 118
- 7.3 中央对手方的网络安全问题 ································· 119
- 7.4 证券结算设施 ································· 121
- 7.5 可用的安全机制 ································· 127
  - 7.5.1 X.800 安全服务 ································· 127
  - 7.5.2 NIST 标准 ································· 130
- 7.6 金融市场基础设施中各组成部分的安全性 ································· 133
  - 7.6.1 风险 ································· 133
  - 7.6.2 金融市场基础设施各组成部分的安全目标 ································· 135
- 7.7 本章小结 ································· 139
- 参考资料 ································· 139

第8章 金融科技网络安全策略和战略管理 ································· 140
- 8.1 访问控制 ································· 141

8.2 身份认证系统 142
8.3 远程访问控制 143
8.4 网络安全策略和战略 144
8.5 预防措施和预案 145
8.6 金融科技策略和预防措施 146
 8.6.1 建立和使用防火墙 146
 8.6.2 安装和使用杀毒软件 147
 8.6.3 删除非必要软件 148
 8.6.4 禁用非必要服务 148
 8.6.5 保护 Web 浏览器 149
 8.6.6 应用更新和补丁 149
 8.6.7 使用强口令 149
 8.6.8 访客和自带办公设备 150
8.7 弹性策略 150
8.8 本章小结 152
参考资料 152

第 9 章 金融科技网络安全框架设计 153

9.1 通用网络安全框架 153
 9.1.1 确定信息技术范围 154
 9.1.2 确定信息和资产的价值 154
 9.1.3 确定网络安全威胁等级 155
 9.1.4 人员筛查和内部威胁 155
 9.1.5 网络安全意识和培训 155
9.2 现有标准框架 156
 9.2.1 美国国家标准与技术研究院发布的网络安全框架 156
 9.2.2 联邦金融机构检查委员会 158
 9.2.3 国际清算银行支付、市场基础设施委员会和国际证监会组织 160
 9.2.4 欧洲中央银行金融市场基础设施的网络弹性监管期望 161
 9.2.5 金融服务业协调委员会网络安全框架 161
 9.2.6 互联网安全中心：CIS 20 大控制措施 161
9.3 本章小结 161
参考资料 162

第 10 章 结语 163

第 1 章　金融科技及重要对象介绍

FinTech 是金融科技英文的缩写，也可拼写为 Fin-Tech 或 fin-tech，是指技术与金融服务的结合（Schueffel，2016），用于描述云计算、移动互联网、大数据分析等当代互联网技术与支付、借贷、按揭、贷款、股票市场等商业活动的关联性。简而言之，作为"Financial Technology"的替代术语，FinTech 也指使用技术开展金融业务的公司。

该术语的起源可追溯到 20 世纪 90 年代初，当时花旗集团发起了"金融服务技术联盟"（Financial Services Technology Consortium）项目，旨在推进技术合作。"金融科技"的概念最初出现于 1866 年，并从那时起推动商业流程迈入数字时代。除传统银行等金融机构外，金融科技还包括亚马逊支付、苹果支付、贝宝和三星支付等数字支付系统。这些数字支付系统被称为数字钱包，方便消费者在线支付服务和产品。

尽管传统金融运营也使用金融科技，但创新技术和商业模式的崛起仍对当今金融业造成了巨大冲击。随着数字金融的兴起，所有金融科技领域参与者正经历着提升业务的巨大的转型（Milian 等人，2019）。在此背景下，小型初创公司带着金融科技走进金融业，将那些跟不上金融业变化的传统金融巨头甩在身后。金融业务转型可归结为 3 大原因（Gomber 等人，2017）：

（1）金融科技公司向客户提供的产品和服务均是传统商业公司未曾触及的。例如，金融科技公司提供磁卡读卡器或销售终端设备（即 POS 机），允许客户使用信用卡或借记卡进行支付，促进无现金交易。

（2）金融科技公司使用基于互联网的商业模式与传统公司竞争。

（3）金融科技公司使用敏捷、创新的技术和应用来销售产品或服务，加速交易过程。

借助网络技术，金融科技公司在移动金融、电子商务、管理和社交媒体等不同领域都取得了出色表现（Gai 等人，2018）。这得益于当今数字金融平台的发展，人们通过银行的电子交易应用程序进行在线支付，金融科技公司的客户还使用手机银行进行网购和账单支付。

本章主要介绍金融科技及其在现代商业中的重要性，展现金融科技与大数据分析、网上银行业务、传统银行业务的关联关系，以及金融科技对全球经济的影响。此外，本章还介绍了金融科技的演变过程及由重要对象组成的金融科技生态系统。最后，本章列举了一些金融科技的热门应用。

1.1 金融科技介绍

金融科技是指金融行业提供的新流程、新应用、新商业模式和新产品。爱尔兰都柏林国家数字研究中心将金融科技定义为金融服务创新。从广义上来说，金融科技涉及 5 个基本领域，包括保险业、银行业、电子商务、贷款服务和个人理财。基于对这些基本领域的深入研究，我们发现金融科技在保险业主要涉及与支付、融资、跨产品支持、金融信息、投资和金融咨询有关的流程。金融科技在银行业主要涉及个人、零售和公司银行业务，用于实现日常交易中的各类支付。金融科技所涵盖的第 3 个基本领域是电子商务，涉及 B2B（企业对企业）、B2C（企业对客户）和 C2C（客户对客户）等流程。第 4 个基本领域是融资公司或银行所提供的贷款服务，主要是点对点借贷。最后，个人理财是金融科技不可分割的组成部分，涉及个人收入、支出、资产和投资方面。图 1.1 展示了金融科技所涵盖的 5 个基本领域的概况。

基本领域	相关业务
保险业	支付、融资、跨产品支持、金融信息、投资和金融咨询
银行业	个人、零售和公司银行业务
电子商务	B2B（企业对企业）、B2C（企业对客户）和C2C（客户对客户）
贷款服务	点对点借贷
个人理财	个人收入、支出、资产和投资

图 1.1 金融科技所涵盖的 5 个基本领域的概况

随着大型公司开始加大投资，金融科技在 21 世纪获得了极大发展。在金融科技发展之初，全球对金融科技的投资在 2008 年仅 9.3 亿美元，到 2014 年跃升至 120 亿美元。2014 年一项调查显示，伦敦有 40%的劳动力曾在金融科技行业工作过。在过去 5 年里，金融科技公司吸引了 230 亿美元的风投和成长股权，这一数字还在持续增长。在全球范围内，发生了一些有关金融科技的重要事件。例如，宾夕法尼亚大学沃顿商学院在2014年成立了金融科技部门，成为对接创新公司、学院、投资者和其他思想领袖的平台。2015年，澳大利亚悉尼开设了金融科技中心。同年，中国香港金融科技创新实验室正式揭牌。这些事件都为加强该领域的金融研究铺平了道路。图1.2列出了全球金融科技投资统计及重要事件的时间线。

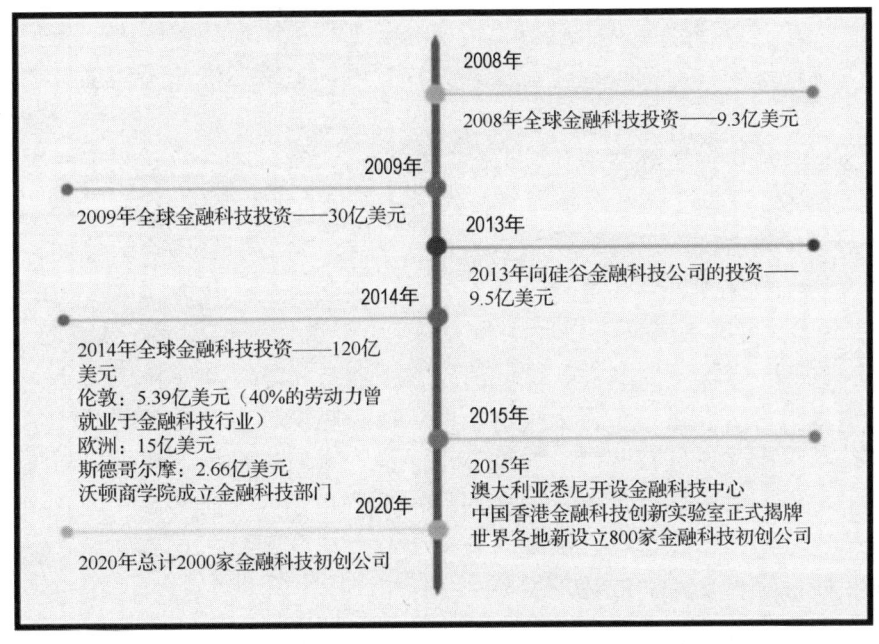

图1.2　全球金融科技投资统计及重要事件的时间线

金融科技最初主要服务于贸易和金融机构的后端应用，现在已经成为横跨多个领域的新兴服务行业，涉及金融细分行业、金融素养、投资、教育、加密货币和零售银行。金融科技在商业和个人金融方面技术融合创新的飞速发展主要归功于互联网和移动互联技术（Swanson，2016）。以下是推动金融科技发展的几个因素：

- 人工智能和网络安全等新技术的发展，助推了金融科技的创新。
- 2008年金融危机造成的破坏性影响促使投资者对金融科技进行投资。
- 英国和欧洲经济的跌宕起伏使初创公司获得的投资减少。

1.2 金融科技的重要性

当前的金融市场以技术为价值基础。技术为企业战略创造了更多价值，这得益于技术的发展，数据存储、检索、分析、报告和再分配已不再复杂。金融机构通常会预测自身年度增长情况和长期目标，而技术作为一种工具，提高了实现这些目标的可视化程度和可操作性。技术还降低了信息传播的复杂性，提高了信息传播的时效性。

企业同时受到经济波动和政府监管的影响。面对经济波动和不断变化的市场，企业需要通过技术系统和平台来适应变化，并确保组织内部的稳定性。信息是制定战略的基础，为决策过程提供支撑，也是洞察风险的前提。通过使用工具，数据分析师才能管理风险和优化战略流程，从而完成上述的所有工作。同样，作为企业运营的一个重要内容，风险管理也离不开技术的帮助。

技术是如何改变金融科技行业的？答案非常简单。金融科技为金融科技行业带来了全新机遇。在新冠疫情期间，由于越来越多的业务需要在网上进行，技术的重要性日益凸显。通过技术手段，人们进行线上交易，同时保持了社交距离。数字钱包正在成为我们日常生活必不可少的一部分，非接触式支付解决方案已席卷全球。金融科技逐步向交通、医疗、食品百货、银行、购物和教育等各行各业渗透发展。

除了数字支付，各类金融科技解决方案也被采纳。伦敦被誉为全球"金融科技之都"，拥有多家金融科技巨头，估值超过10亿美元。金融科技通过实现境内和境外的快速商业支付，有可能改变任何国家的经济方式。金融科技还让人们有更多机会参与到全球金融市场中来。金融科技正在以此方式引领金融机构变革。

根据世界经济论坛的一项调查，众多成熟的金融服务公司因技术创新而重新思考处理业务的传统方式变革。该项调查以金融服务行业为对象，旨在了解行业的未来发展方向。100多位金融行业专家不仅接受了采访，还举办了一系列研讨会。

他们经过深入研究发现，虽然保险公司和银行在过去采用了相对固定的高收益商业模式，但是并未对金融服务行业的销售业绩、监管技术和客户信任产生重大影响。现在，创新公司通过高价值和产品多样化颠覆了这种商业模式。以下是创新公司具有的特征：

- 创新公司专注于部署最有价值的产品和服务，以获得高额利润。例如，过去，传统银行收取高额汇款费用，客户体验感差。现在，一些创新公司提供用户友好的网络界面，利用创新型网络使汇款更实惠、更简单、更快速。
- 创新公司借助技术使高利润业务实现自动化和商品化，以更低成本向新客户提供理财等服务，传统参与者无法与之竞争。
- 金融机构在决策过程中经常依赖客户数据。贷款公司基于客户信用评分来决定是否放贷。保险公司在签发保单前会检查投保人的驾驶记录或医疗记录。这些相互关联的业务可以使用实时数据来帮助财务决策。例如，贷款公司通过对消费者的社交网络模式进行分析，以确定借款人的信用等级，再利用各种数据做出更优的定价决策。有些保险公司还会为投保人提供手环等佩戴配件，以追踪其身体健康状况。
- 部分创新型公司可以在成本不变的情况下实现收入的成倍增长，还会推出众筹平台，为初创公司筹集资金。

1.3 大数据和金融科技

大数据是指增长迅速的大规模数据，包含大量经过高速处理的各类信息。大数据包含数以万亿字节计的数据，如记录、表格、文件和交易信息。这些数据被视为实时数据，并按批次进行处理。数据的类型包括关系型数据库数据、图像、视频、音频和可扩展标记语言（XML）文件等。因此，大数据也可以使用 3V 表示，即大量、高速和多样（volume, velocity, variety, 如图 1.3 所示）。

大数据为结构化数据和非结构化数据分析创造了大量机会。结构化数据主要包括以电子表格和关系型数据库形式管理的信息。非结构化数据通常是无预设、无组织的数据信息，如来自社交媒体的信息。

大数据分析因其处理大规模数据的能力成为企业所用的前沿技术。企业利用大数据技术收集重要的信息，帮助管理者做出明智的决策。在金融服务行业，大数据技术能够为投资决策提供更好的信息支持，它与数学模型相结合，使投资组合收益最大化。

大数据的三大特征（大量、高速和多样）使其成为数据高速分析和处理的首选技术。面对日益增加的客户需求、监管限制和激烈的竞争环境，金融科技行业利用大数据技术实现了高效运转。大数据为金融科技行业增加了竞争优势。

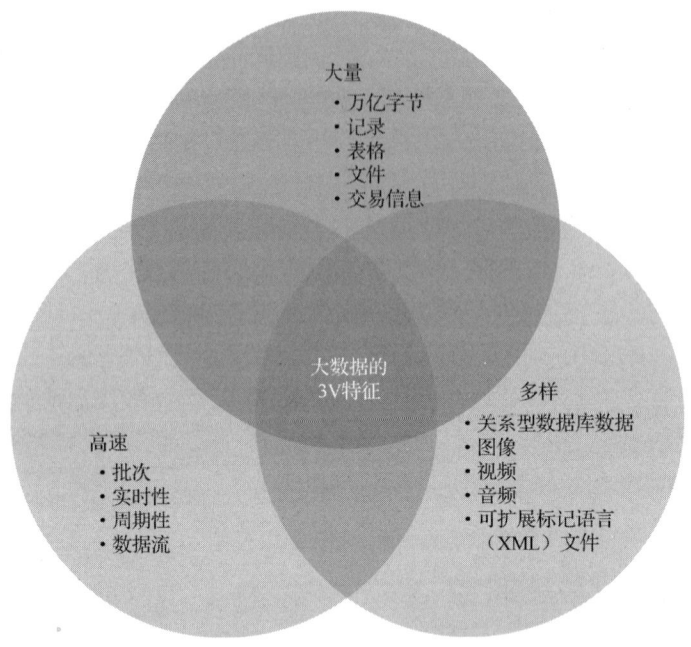

图 1.3　大数据的 3V 特征

随着金融科技相关数据的急速增长，金融科技机构必须学会管理不断激增的数据。金融科技行业可借助大数据实现以下管理优化：

- 大规模历史数据分析可用于起草或制定策略和政策，帮助资产管理和投资银行做出明智决定。同样，医疗保健和保险公司可通过大数据分析来预测和管理风险。
- 与人工处理相比，大数据分析能够以高频率、高速度自动执行关键交易。这不仅能够降低人为出错的概率，而且能够抓住以最佳价格执行交易的时机。金融科技公司可利用大数据算法来验证策略并做出明智决定。
- 大数据分析可以筛除低价值数据，以便让金融科技公司更快速、更有效地处理交易。

虽然大数据提供多方面的优势，但金融科技公司仍面临许多与非结构化数据收集相关的隐私难题。此外，历史数据分析能为长期投资提供预测，而对短期投资缺乏支持。

在了解金融科技领域使用大数据的利弊之后，需解决的问题是："金融科技行业希望从大数据中获得什么"。为找到这个问题的答案，我们需要搞清楚数字时代下对金融科技行业提出的多项要求。金融科技公司正在加速将人工处理转变为在线系统处理，这需要配套手续烦琐、成本较高的新指令和新法规。金融科技管理者还需精通门户网站、电子记录和数据库等技术，以完成大规模数据的存储。

传统金融机构的习惯做法是将一些职能外包，自行维护其余的基础设施。但在金融科技时代，金融机构甚至可以将整个基础设施外包，监管要求也变得日趋严格。除此之外，保护专有和个人信息对金融科技公司而言也至关重要。因为实地存储大规模数据非常困难，所以使用云端服务器进行数据存储是数字时代对金融科技公司提出的关键要求之一。此外，技术的引入也引发了人们对基础设施安全和数据隐私的关注。

以上所有事实被视为数字时代对金融科技行业提出的关键要求。为实现金融科技行业与大数据之间的顺畅合作，大数据必须满足所有这些要求。大数据可以帮助人们及时了解当前趋势，方便金融科技公司追踪竞争对手的动态（Swanson，2016）。

1.4　金融科技对全球经济的影响

全球金融科技统计数据显示，金融科技正在见证各方面的增长，如投资额、从业人数、竞争性、预测信息和成果量等。自2008年以来，全球各方不断增加对金融科技的投资，若干开展金融科技研究的创新实验室陆续成立。所有这些事实促进了金融科技行业的蓬勃发展。随着新技术解决方案的应用，金融科技持续抢占全球市场份额，对就业市场构成了内在风险。花旗集团发布的一份报告显示，全球金融业有30%的雇员即将被金融科技夺去工作（Egan，2016）。

数字时代以全球各个市场间的线上交流为基础。金融科技使得企业雇佣人工执行的任务可以通过技术手段以更高效、更准确的方式完成，还能消除金融交易中的人为错误。相较于美国和北美的银行，中国的银行更愿意对金融科技行业进行投资。非洲和东南亚的银行也意识到了金融科技市场的潜在丰厚利润（Reed，2016）。

1.5 金融科技与银行业

传统金融机构在经济体系构建过程中发挥了重要作用。他们接受国家监管，主营风险承担和信用保险业务，是客户存款和支付系统的主要渠道。但是，财政危机让银行系统遭受重创，失去了客户的信任，而智能手机的普及也改变了支付系统的发展方向。技术革命影响了消费者的储蓄、投资、存储、支付和借贷的方式。

金融科技公司与银行业的结合就是见证奇迹的时刻。金融科技虽然可以降低按揭、财富管理、零售支付和中小型企业零售银行业务的成本，但金融科技在争夺传统银行系统业务并将其转变为全新体系时，也面临诸多挑战。图1.4展示了金融科技公司在重建银行系统时面临的挑战。

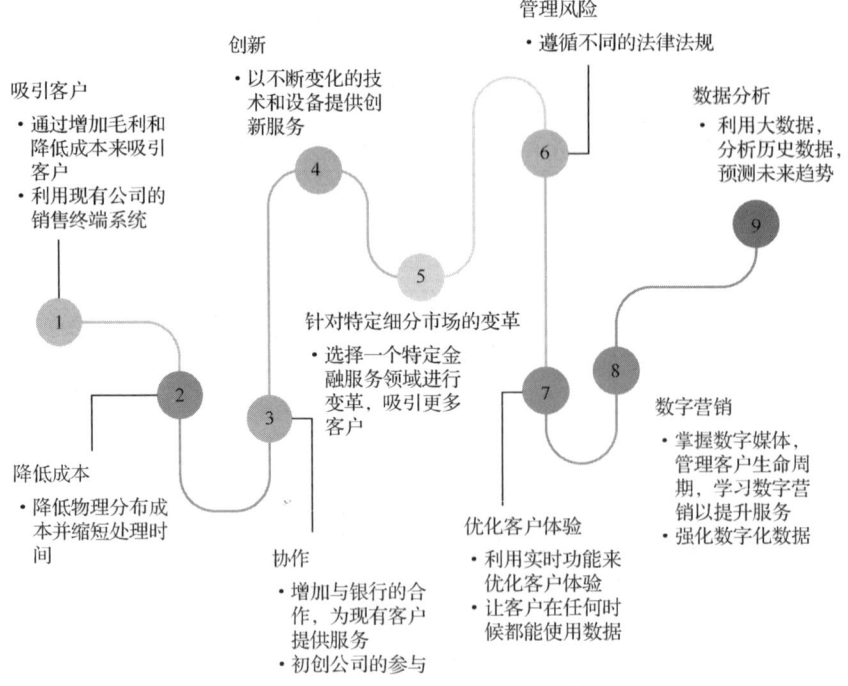

图 1.4　金融科技公司在重建银行系统时面临的挑战

下面简要介绍一下这些挑战：
- 吸引客户：金融科技公司进入银行业所面临的主要挑战之一是如何吸

引客户。在过去,大多数客户与传统银行业务相捆绑,银行与其客户建立了长期信任关系,这增加了金融科技公司引导客户进行创新和技术发展的难度。金融科技公司主要采取的措施包括增加毛利和降低成本。由于交易系统正向无纸化方向发展,因此吸引客户的一大良机就是利用现有公司的销售终端系统(即 POS 机)。

- 降低成本:降低成本的方法之一是降低借贷系统的物理分布成本并缩短处理时间。随着金融科技公司无纸化在线借贷系统的发展,如何缩减为客户审批保险和贷款文件的成本和时间对降低成本来说至关重要。这有助于激励客户踏足金融科技领域。

- 协作:如何与传统银行建立伙伴关系并让初创公司参与进来是金融科技公司面临的另一项挑战。此类合作不但可以使金融科技公司与银行相关客户建立信任,也是初创公司获得初始资金的绝佳来源。与传统银行系统相比,初创公司的巨大竞争优势在于他们相信技术的力量,通过在线门户为客户提供基本金融服务。例如,电子商务在线交易[如 B2B(企业对企业)、B2C(企业对客户)、C2C(客户对客户)]系统也需要技术创新方面的协作。

- 创新:随着技术对商业领域的渗透,提供创新的数据使用方法至关重要。由于智能手机和在线支付门户的使用日益频繁,金融科技需要找到新的方法,以便更快速、更高效地处理数据。

- 针对特定细分市场的变革:金融科技公司变革的主要目的是吸引更多客户,与其涵盖金融服务的所有业务,不如专注于特定细分市场(如借贷和投资),吸引新客户。

- 管理风险:每个组织都易遭受不同类型的风险,因此会基于经验制定具体的风险缓解策略。金融科技公司也不例外,其通过遵守不同层次的法律法规来管理风险。例如,政府法律法规是国家层面的金融业风险管理政策,每个组织都可在此基础上遵循自身的标准和程序来建立风险管理政策。简而言之,遵循风险缓解政策来规避、承受、预防或降低风险是极具挑战性的。

- 优化客户体验:数字化时代的客户希望自己的数据始终触手可及。例如,客户经常需要访问自己银行账户的详细信息,以便进行在线转账、检查账户余额和编辑个人资料。一旦满足了客户的这些需求,金融科技公司将在客户中建立良好声誉。金融科技公司需充分利用实时功能来优化客户体验。

- 数字营销:随着金融科技的发展,营销策略逐渐采用线上形式。金融科技公司发现，以互动的方式向客户推广服务，利用数字媒体了解客户喜好，为客户提供相关推荐，学习数字营销以提升服务，这些都是非常具有挑战性的。

- 数据分析：金融科技公司面临的最大挑战是如何收集大量数据，并在最短时间内处理数据，进行分析，对未来趋势做出预测。大数据是金融科技公司实现所有这些目标的关键。

1.6 金融科技和网上银行

截至目前，金融科技发展取得辉煌成就，它助力银行实现了流程自动化，提高了交易效率。借助技术手段，网上银行业务能够更轻松地实现短期和长期目标。这些创新是通过使用各种技术，将统计数据和数据元素之间的关系相互关联而实现的。金融科技公司提供的交互式用户界面，也使得用户能够一键执行复杂的交易。

但正如1.5节所讨论的，金融科技公司在重塑银行系统之前还需解决诸多困难，如数据验证和安全性。在自动化流程中，我们需要了解应用于数据的限制条件，并映射数据，以快速获得结果。这会简化后续的调查工作。客户对自动化流程的反馈情况可用于衡量一个精确系统的成功与否。

网上银行系统需要在提供可靠金融交易方面表现出竞争优势。目前，金融科技公司在网上银行领域探索出的解决方案之一是预测现金流。首先，通过分析历史交易并根据所分析的信息预测未来趋势，进而估算现金流。这种现金流预测技术将为客户分类提供重要的参考。有远见的公司会利用交易集群来生成现金流预测。

每个集群都是单独建模的，然后与其他集群相结合，以确定某个客户的相关参数。集群参数包括交易类型、地理位置、类别、交易流出还是交易流入，以及对应关系。此外，还可通过基于时间的集群分析出它们之间的差异程度。

充分准确的分析预测对中小型企业尤为重要。此类分析预测的优势如下：

- 使企业能够做出充分知情的决定，更清晰地看到自身优势、劣势和依赖性。
- 使企业更容易预测关于潜在可盈利产品的需求。
- 企业能够基于货币趋势对有风险的供应链做出决策，同时保持对自身现金流的掌控。

银行掌握经济数据的方法，可以通过用户勾选允许跟踪的服务选项来实现。如跟踪用户的客户、供应商、位置、部门、员工和收入数据等。初始数据样本将为银行向用户推荐更个性化的内容奠定基础。此外，银行还使用系统数据、会计师和会计软件的数据来提高各种算法的准确性，这也有利于提高所有情景分析的准确性。

1.7 金融科技的演变

金融科技的演变经历了3个阶段。在第1阶段，我们见证了其在创新方面的努力，但最终以电报服务成为当时的基本通信手段而收尾。第2阶段是互联网的发明，它通过支持无现金和在线金融交易，将传统通信手段转变为数字平台。第3阶段见证了数字钱包的诞生，金融科技利用复杂的先进技术为客户提供直接服务。图1.5展示了金融科技的演变历程。

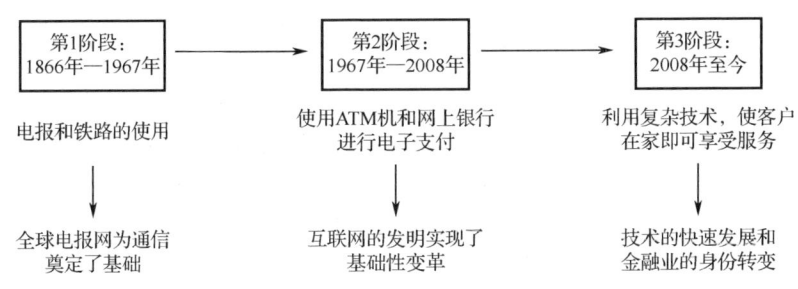

图 1.5　金融科技的演变历程

1.8 金融科技生态系统

金融科技生态系统包含推动技术创新、促进竞争并刺激经济的5大要素。包含支付、借贷、财富管理、众筹、资本市场和保险公司在内的金融科技初创公司构成了这个生态系统的核心。金融科技生态系统的第2大组成部分是金融监管机构和立法机构，即制定以提升初创公司创新力和全球金融竞争力为宗旨的经济政策和发展规划的政府机构。政府机构主要参与的事务包括金融服务许可、税收减免和制定初创企业的资本要求。金融科技生态系统的第

3大组成部分是金融客户,包括申请按揭、贷款或政府提供股权服务的个人和组织。第4大组成部分是传统金融机构,如银行、保险公司、股票市场和资本家,他们与金融科技初创公司合作,利用初创公司开发的创新技术来改变自身工作环境。最后一大组成部分就是技术开发商,他们为大数据分析、云计算、加密货币和社交媒体提供数字平台。这些平台为金融科技初创公司推出创新服务(如与数字钱包在线支付相关的智能手机应用程序)提供便利。图1.6展示了金融科技生态系统。

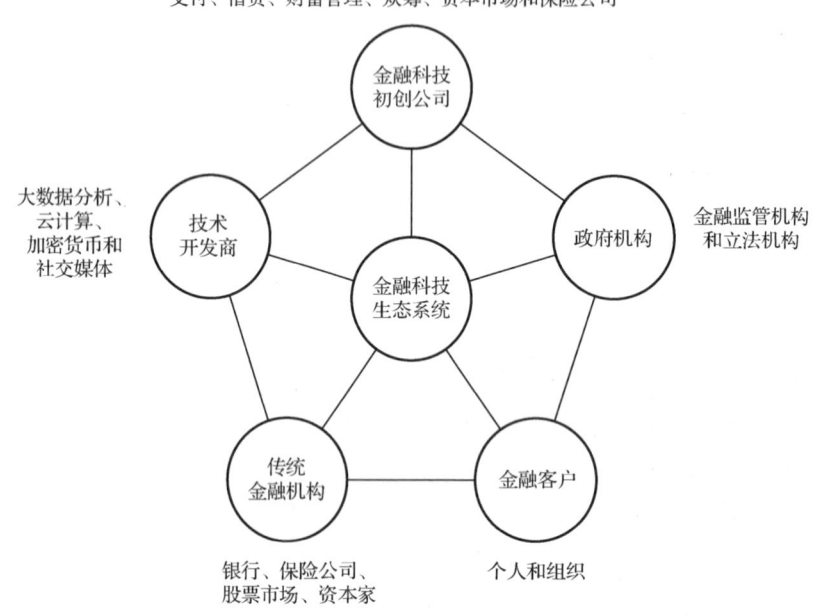

图1.6 金融科技生态系统

1.9 金融科技的应用

金融科技的应用多种多样,分布在多个领域。图1.7展示了部分金融科技的应用,总体归纳如下。

- 电子商务:与B2B(企业对企业)、B2C(企业对客户)和C2C(客户对客户)交易相关的电子商务应用,包括用于支付商品和服务的数字钱包。

第1章 金融科技及重要对象介绍

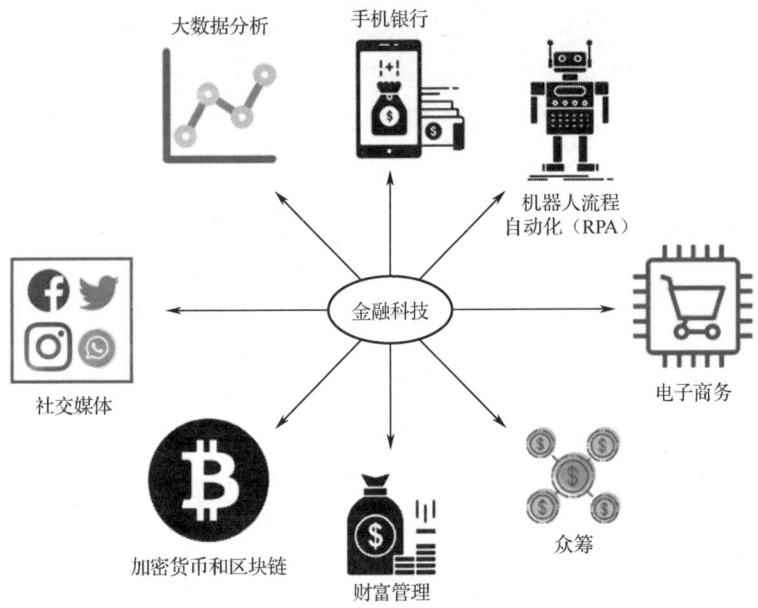

图 1.7 金融科技的应用

- 手机银行：作为一种在线支付通道，允许用户以较低交易费用发送/接收数字现金。除支付外，借贷、理财和交易也是手机银行不可分割的一部分。
- 财富管理：投资者可借助金融科技来管理金融资产和投资组合。用户可通过以机器人赋能的云平台，获得投资管理建议。
- 众筹：基于金融科技搭建的众筹平台使初创公司能够跨越地理界限，寻求国际投资者的资金支持。
- 加密货币和区块链：一些金融科技公司利用虚拟货币开展业务。加密货币正在构建未来的金融科技格局。外汇等金融细分行业还使用区块链来加速交易，简化身份验证，为手机购物提供便利。
- 社交媒体：传统银行和"网红"享有社交媒体的同等使用权，他们通过社交媒体与客户分享最新优惠和产品/服务推荐，金融科技营销应运而生。金融科技营销专指通过社交媒体平台（如 Linked in、Twitter、Instagram 等）来吸引客户的营销方式。
- 大数据分析：金融科技为大数据分析带来附加价值，公司可以使用大数据处理技术分析数据，使贷款人能够以更低成本向客户提供信贷服务。

- 机器人流程自动化（RPA，Robotics Process Automation）：RPA 为大型金融科技公司提供了虚拟环境，以实现某些功能集的自动化，包括银行自动开户、欺诈检测和客户服务。

1.10 本章小结

本章详细介绍了金融科技及其在当今时代的重要性，阐述了金融科技与大数据分析、传统银行和网上银行系统之间的关联关系，分析了金融科技对全球经济的影响。本章还讨论了金融科技公司在接触最终用户方面面临的挑战。几十年来，金融科技经历了 3 个阶段的演变，其生态系统包含若干重要对象，这些对象奠定了金融科技的基础。本章末尾列举了一些热门的金融科技应用场景，以供进一步探讨。总体而言，本章回答了下述问题：

- 为什么金融机构有必要采用金融科技？
- 金融科技在重建传统银行系统时面临哪些挑战？
- 被金融科技重构的相关金融细分行业有哪些？
- 金融科技是如何影响全球经济的？
- 大数据是如何帮助金融科技公司预测未来趋势的？
- 金融科技生态系统的基本要素有哪些，它们为金融科技做了哪些贡献？

参考资料

第 2 章　网络安全介绍

网络安全作为网络安全实践的一个固有组成部分,其风险界定了在网络攻击或数据泄露情况下用于保护基础设施、有形和无形资产、正在使用的技术及组织声誉所需的基本要素,也阐明了组织为防止数据被窃取造成潜在损失而设立的目标。从安全专家的角度来看,计算一个组织的网络安全风险是至关重要的,这样组织就能提前采取适当措施来预防网络安全风险。

本章深入探讨了网络安全的定义、破坏网络安全的动机、CIAAA 原则、数据科学在网络安全中的重要性,以及若干重大的数据泄露事件。

2.1　网络安全的定义

网络安全通过设计、开发、使用技术、流程和实践,以保护组织的资产、客户数据和知识产权免遭非授权人员的有意或无意破坏。此类非授权人员也被称为网络罪犯。但是,并非只有非授权人员才会涉及敏感数据的侵犯行为,授权人员违反行为准则窃取、滥用重要组织数据的案例也时有发生。

简而言之,网络安全包含所有旨在保护组织资产避免被非授权访问或授权滥用的技术、流程和实践。非授权人员包括黑客等,而滥用权限的授权人员也被称为恶意内部人员。我们将在后续章节探讨这些术语。

鉴于每个组织都拥有独特的需求、资产、资源和敏感数据,因此每个组织为保护这些实体所制定的网络安全规划也有所不同。但是,要想减少网络攻击和保护敏感数据和资产,最理想的情况是每个组织都制定各自风险偏好下的网络安全策略。风险偏好是组织在确保对业务不产生任何负面影响的情况下可接受的风险量。

2.2 动机

计算机和网络被广泛用于通信、金融、交通、教育、军事等行业，网络罪犯也会以此为切入口，攻击这些行业部门获取非法经济利益。下面列出了网络攻击背后的一些重要动机：

- 数据泄露：基于对 2001 年至 2013 年大型网络攻击的分析（Vaidya，2015），发现其主要动机是窃取敏感数据和网络间谍活动。
- 金融动荡：对于各类组织，尤其金融系统，网络安全风险被列为头等大事，因为网络攻击会对整个金融行业的金融稳定性构成重大风险（Boer 和 Vazquez，2017）。
- 服务中断：除了造成金融动荡，网络攻击也会扰乱商业和金融市场。在 2017 年 WannaCry 勒索病毒暴发期间，150 个国家的 20 多万台计算机受到感染，医院、电信、铁路和汽车公司等基础服务均被中断。
- 政治动机：网络攻击有时出于政治目的。针对伊朗核电站实施的"震网病毒"攻击就是典型案例之一。"网络战"术语源于政治敌对国家之间的线上战争。

虽然所有行业都处于网络安全风险之中，但医疗、食品、零售、金融行业及政府部门却是遭受攻击最多的行业。新冠疫情暴发期间，医疗行业主要遭受了网络钓鱼攻击，这些攻击以中断服务和窃取患者数据为目的。此外，针对金融机构的攻击者主要是为了获取非法经济利益、窃取口令，以及使竞争对手声誉受损。

2.3 CIAAA 原则

在了解网络攻击的动机后，每个组织的终极目标是确保数据的机密性（C，Confidentiality）、完整性（I，Integrity）和可用性（A，Availability）。对每个组织的安全而言，这 3 项原则都起着举足轻重的作用。但是每个组织也会根据自身安全目标和要求，对这 3 项原则给予不同程度的重视。图 2.1 以三角形的三条边展示了 CIA 三要素。

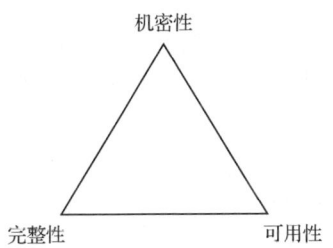

图 2.1 CIA 三要素

机密性是 CIA 三要素中的第一原则，是指实现对秘密数据、对象或资源的保护，旨在阻止或减少对数据的非授权访问。其作用在于确保只有授权用户才能访问数据和资源。简而言之，机密性确保了数据在存储、处理或传输过程中免受非授权访问、使用或泄露。某些网络攻击重点是破坏数据的机密性，包括窃听、社会工程学、端口扫描、口令窃取及捕获网络流量等。

完整性是 CIA 三要素中的第二原则，用于保证数据的可靠性和准确性，防止非授权用户修改数据。完整性的正确实施意味着只允许对敏感数据进行授权更改。完整性的破坏可能源于人为错误。例如，数据被授权用户无意间更改。同时，完整性也容易遭受病毒、逻辑炸弹、非授权访问、恶意修改、系统后门和编码错误等破坏。

可用性是 CIA 三要素中的第三原则，是指对授权对象、数据或资源的及时和不间断访问。系统故障、断电、软件错误和环境问题（自然灾害）等均会对数据可用性造成一定威胁。此外，在有些情况下，意外删除文件、过度使用资源或错误标记分类对象也会导致数据不可用。

除传统的 CIA 三要素外，还有两项与安全相关的原则，即可追溯性（A，Accountability）和真实性（A，Authenticity）。如图 2.2 所示，在 CIA 三要素基础上增加两项新原则后，形成了当代研究者所使用的 CIAAA 原则。下面对可追溯性和真实性做出解释。

图 2.2 CIAAA 原则

可追溯性是指个人保护资产、资料或关键信息的责任。每个人都对自身保管的设备负有保护责任。若设备发生数据泄露、丢失或误用,将追究责任人的责任。可追溯性是网络安全计划的一个重要组成部分。例如,某一组织的规定列出了员工可在其计算机上安装的合法软件或应用程序清单。如果某员工安装了规定以外的软件或应用程序,那么IT管理员将被追究在属于组织的计算机系统中下载和安装软件或应用程序的责任。

真实性是指对发送方与接收方之间传输的消息进行验证,确保消息来自经验证的发送方,且只有经过身份验证的接收方才能够接收该消息,从而防止任何非授权人员发送或接收消息。从技术上看,该原则可避免冒名者拦截所传输的消息。用户在参与通信之前必须建立各自身份。一旦发送方和接收方确认了彼此身份,就可以进入系统进行通信。真实性的保证可以建立在使用用户名、口令、智能卡、生物识别技术、电子邮件和令牌等安全技术基础上。

2.4 网络安全威胁

网络安全威胁是指能够损害计算机系统、服务器和计算机网络的任何事物。网络安全威胁可能发生也可能不发生,但是它们有可能对组织资产造成严重损害。网络安全威胁会导致网络安全攻击。近年来,组织面临多种类型的网络安全威胁,包括恶意软件、勒索病毒、网络钓鱼、口令窃取、网络诈骗和服务中断等。图2.3展示了2018年至2020年的一些重要的网络安全威胁统计数据。

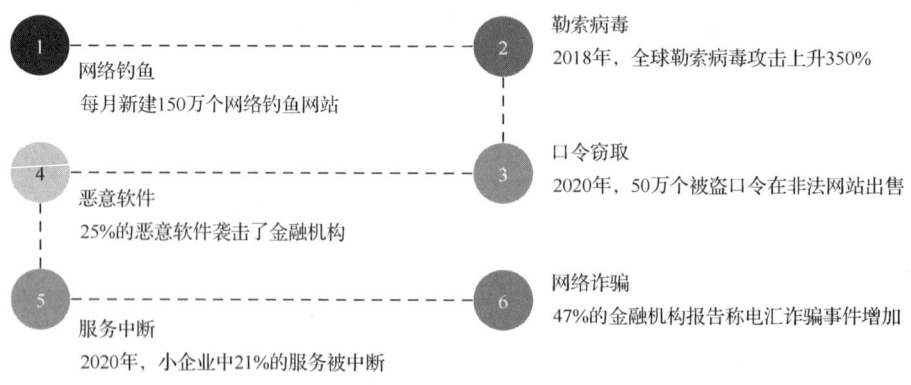

图 2.3 2018 年—2020 年网络安全威胁的统计数据

统计数据表明，网络罪犯通过发送网络钓鱼邮件、在目标计算机上执行恶意软件、实施勒索、窃取出售口令及从事网络诈骗活动，从而中断那些至关重要的服务。各类恶意活动层出不穷。

根据雅虎财经（雅虎财经，2021）的一项调查显示，网络钓鱼是攻击者利用的最常见的网络安全威胁。随着员工网络安全意识的提高，网络钓鱼攻击明显减少。虽然网络钓鱼攻击在减少，但是2020年特殊网络威胁激增超过50%。总体而言，2019年发现了389项特殊威胁，该数字在2020年增长到600项。调查发现，金融业是最积极应对和最关注网络威胁的行业之一。

在金融机构看来，随着银行和其他金融机构面临的网络威胁大幅增长。金融机构见证了各类常见或独特的网络威胁，如针对特定服务的攻击和网络攻击。但有趣的是，大多数网络破坏都是人为错误造成的。这些破坏大多出于经济动机，少数出于间谍动机。此外，数据泄露与口令窃取之间存在着极大关联，因为口令窃取是导致数据泄露的最常见原因。

以上讨论的所有网络安全威胁均源于外部，但组织也面临一些源于内部的网络安全威胁。例如，对雇主心怀不满的员工可能会窃取、删除或修改某些关键数据，让组织蒙受损失。还有雇员会进行一些危险尝试，利用已安装的应用程序或软件的漏洞，实施非法、非授权的活动，损害组织声誉。

2.5 网络安全攻击

网络安全攻击（或网络攻击）是攻击者有意损害计算机系统、服务器和计算机网络的行为，是一种包含动机和计划的蓄意行动。与网络安全威胁相比，网络攻击是有意为之和精心策划的，成功概率更高。常见的网络攻击包括拒绝服务、分布式拒绝服务、SQL注入、社会工程学和零日攻击。后续章节将详细解释这些攻击。

网络攻击可能出于政治或经济动机，其主要目的是窃取敏感信息、中断基本商业服务、损害声誉并造成经济损失。攻击者会根据不同的攻击动机，制订攻击计划，完美实施计划，从而达到攻击目的。

图2.4展示了网络安全顾问公司PurpleSec公布的2020年主要网络攻击的统计数据（网络安全统计数据，2020）。信用卡诈骗案件在网络攻击中位居首位。紧随其后的是金融业相当常见的网络攻击——数据泄露。在2020年，金融机构遭受了85次拒绝服务攻击。攻击者还借助SQL注入攻击窃

取数据库数据。此外，社会工程学是收集目标对象、计算机和公司有关信息的关键手段。网络攻击不仅针对计算机系统，智能手机设备也沦为易受攻击的对象。

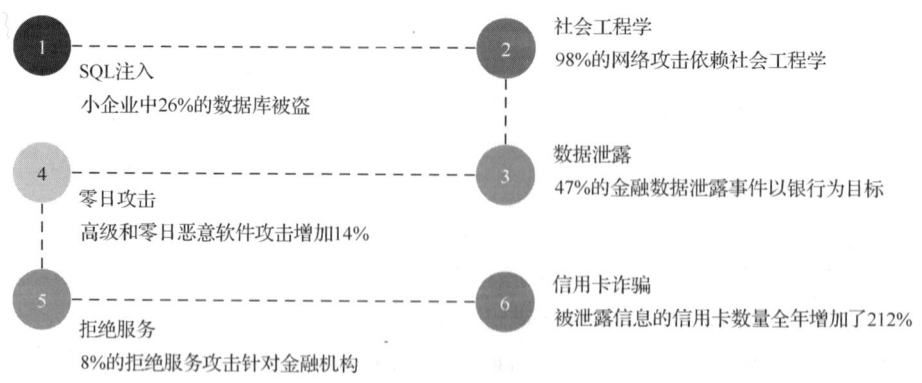

图 2.4　2020 年主要网络攻击统计数据

除了金融业，网络攻击还遍布其他各行各业，如医疗行业、教育行业、联邦和地方政府及交通行业。医疗行业是位列金融业之后的第二大网络攻击目标。攻击者主要窃取医疗记录、社保号码和其他个人数据。自新冠疫情暴发以来，银行受到的网络攻击增长了 238%（2021 年 134 项网络安全统计数据和趋势，2021）。在新增的网络攻击中，27% 的网络攻击专门针对银行和医疗行业。所有这些统计数据表明，分析当前网络安全形势及了解网络安全的重要性变得至关重要。

2.6　网络安全分析

网络安全分析以近年来报告的网络安全威胁和攻击为基础，确认组织是否能够抵御网络攻击。通过技术方法，大规模、多样化的数据被收集起来。大数据处理不仅可以改变公司业务的开展方式，还可以用来帮助分析历史网络攻击数据，预测未来的网络攻击。然而，大数据的管理也会带来新的挑战。那么，网络安全分析如何帮助管理如此庞大的网络攻击数据呢？

网络安全分析为组织应对网络安全挑战、预测网络安全威胁和漏洞、开展安全分析、提供终端安全和保护数据奠定了基础。图 2.5 简要列出了网络安全分析期间开展的各种活动。

第 2 章 网络安全介绍

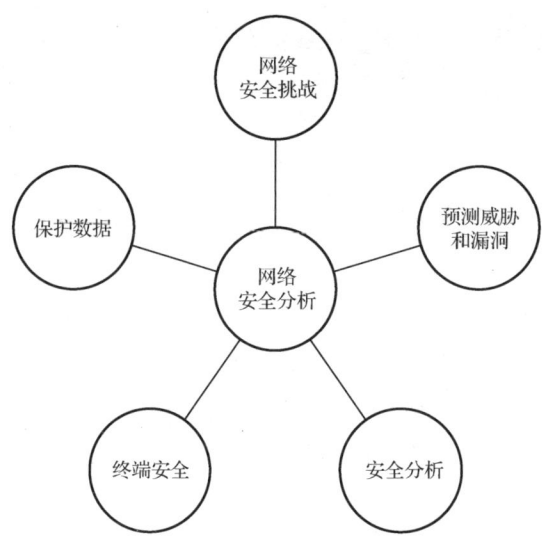

图 2.5 网络安全分析期间开展的活动

- 网络安全挑战：网络攻击技术在过去几年中以极快的速度发展。特别是以人为目标的网络攻击变化之快，让我们不得不利用更高效的网络安全分析技术来解决各种安全挑战。最主要的网络安全挑战可分为 3 类：中断、篡改和恶化。中断是指拒绝服务、分布式拒绝服务和勒索病毒攻击等造成的服务和信息流的中断；篡改是指通过数据泄露、修改和删除等方式对信息完整性造成损坏；恶化是指减弱目标对象控制信息的能力，包括信息的未授权访问。
- 预测威胁和漏洞：网络安全分析研究现有的威胁和漏洞，从而预测未来的发展趋势。威胁正在变得更有针对性、更复杂。通过网络安全分析，我们可以了解威胁状况，预测和检测威胁，明确威胁与漏洞之间的关联。虽然我们无法预知变幻无常的未来威胁，但网络安全分析让我们离预知更进一步。
- 安全分析：安全分析的重点是分析数据，并形成积极主动的安全措施。例如，可通过监测网络流量来识别任何可疑活动，并做出适当反应以保护网络。
- 终端安全：终端安全是指通过安装防火墙、入侵检测防御系统及杀毒软件等设备来确保安全。所有这些解决方案将检测网络上的恶意活动，并试图阻止它们。例如，杀毒软件会检测并删除计算机系统中的恶意文件，清理计算机系统。
- 保护数据：网络安全分析通过对静态数据和传输中的数据进行加密，

为数据提供保护。此外通过数据备份，能够在紧急情况下对数据进行恢复。

2.7 网络安全为何重要

网络安全使个人和组织（包括组织的关键数据、资源、资产和声誉）免遭恶意网络攻击，避免数据和经济损失。网络安全事件出于政治或经济目的，以金融及所有与国家经济相关的关键行业（如医疗、交通、体育、政府和贸易等与国家建设同等重要的行业）为主要目标，进行破坏活动。在特定情况下，恶意的跨境活动可能会造成目标国家经济停滞。

除了对个人和组织造成威胁，网络安全事件还可能对通信信道、能源和关键基础设施的运行造成影响。以电网、能源部门和医疗数据库为目标的网络攻击相当普遍，在这些攻击中，攻击者试图窃取重要敏感数据，如社保号码、信用卡详情和其他个人数据如医疗记录等。然后，他们利用这些数据来发动网络攻击。在某些案例中，网络罪犯甚至在非法网站上出售其窃取的数据，购买方再利用这些数据推送在线广告。

信息窃取或数据泄露是代价最高、增长最快的网络犯罪。在一起著名的数据泄露事件中，攻击者窃取了著名连锁餐厅的客户数据并在网上出售，另一个黑客团体购买了这些数据，并在几年后利用这些数据发起了多次网络攻击。这类事件让我们明白了保护组织和个人数据安全的重要性。

勒索病毒和网络钓鱼等网络攻击极为普遍，以至于每一次数据泄露事件中攻击者都会利用这些伎俩。在 2017 年，一群网络罪犯发起了勒索病毒攻击（WannaCry 勒索病毒），加密了 150 个国家的 20 多万台计算机的机密数据。他们要求支付赎金才能解密数据。这次 WannaCry 勒索病毒攻击造成的经济损失总额达数十亿美元。

网络安全囊括了敏感数据、个人身份信息、医疗凭证、知识产权、个人数据和政府信息系统等与安全相关的所有内容。网络安全风险的全球互联互通导致了网络攻击没有国界。如今的网络安全解决方案不仅包括防火墙和杀毒软件，还包括先进的威胁狩猎基础设施，这些基础设施具备检测、分析和关联功能，可以最大限度地减少网络威胁。

2.8 数据科学和主要数据破坏者

作为网络安全的一个新兴领域，数据科学可以帮助数据科学家提出细致的问题，制定理论结构，分析数据并对所分析的数据提供深刻洞察。随着大量杂乱的数据日益积累，大型公司已经开始从这些数据中提取有用的信息，进行深入挖掘分析，绘制当前和未来格局。例如，Facebook 会收集每位用户的位置信息，以方便朋友与其联系，这些数据可用来分析全球移民格局。同样地，用户也可以使用社交媒体数据，如 Facebook 的朋友联络情况，来确定某个用户的文化多样性、兴趣和选择。

还有一个与数据科学相关的简单示例：YouTube 根据频道上用户曾经观看的内容向其推荐视频。YouTube 会存储每位用户的浏览历史，进行数据分析，筛选出用户可能感兴趣的类似内容或视频。数据科学让这一切成为可能。

虽然没有明确定义，但是人们常常用著名的维恩图对数据科学进行展示（如图 2.6 所示）。数据科学是一种融合领域专长、数学和计算机科学的跨学科方法。领域专长界定了问题空间，数学提供了解决问题的理论体系，而计算机科学为数据的操作处理提供了环境。

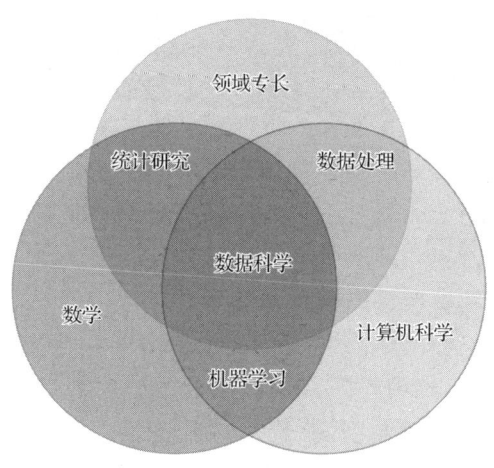

图 2.6 维恩图展示数据科学

如果领域专家以金融、运输或医疗等特定商业环境为重点，拥有其所属商业领域的完备知识，在商业领域进行数据科学操作的主要目标是提高销售额和利润，那么将数据科学应用于商业领域的预期结果是可衡量和可量化的。

在实现数据科学向商业领域的应用时，领域专家将重点放在以下两类问题上：
- 能否使用启发式数据来提高某一部门的生产力。
- 能否使用产品属性来提高竞争力。

数学为数据科学操作提供了解决问题的技巧。数学家使用统计建模、概率论、分析、预测和模式识别技术来解决复杂问题。数据科学本质上是指应用于大数据集的复杂数学计算。例如在网络安全领域，数据科学工作者针对包含恶意网络流量的大数据集，应用数据科学操作来识别和分析攻击模式，从而预测未来攻击的概率。

计算机科学为执行数据科学运算提供了一个数据操作环境。以网络安全为例，人工无法对大数据集所包含的大量、高速和多样的数据进行处理。因此，需要有计算机程序或模型来自动分析这些大数据集，以形成所期望的预测。数据科学工作者使用机器学习模型来实现数据分析过程的自动化。机器学习模型包括有监督模型和无监督模型，可分别进行数据分类和数据预测。

数据泄露也称为数据窃取，是指向非信任源透露敏感的私人/机密信息，也被称为数据外泄、信息外泄和数据溢出。涉及数百万或数十亿条记录的数据泄露事件在全球范围内相当常见。21 世纪发生过无数重大的数据泄露事件，被窃取的数据包括客户信用卡数据、银行账户详情和个人身份信息（PII）。常见的数据泄露类型包括勒索病毒、网络钓鱼和拒绝服务（DoS，Denial of Service）攻击等。

图 2.7 展示了 2005 年到 2020 年上半年的各年度内美国发生的数据泄露事件（黑色曲线），以及因这些泄露事件而曝光的记录（灰色曲线，以百万条为单位）。从 2005 年到 2017 年，数据泄露事件呈上升趋势。这一趋势在 2018 年突然下降，并在 2019 年再次跃升。我们通过分析这些数据泄露事件中向非信任源曝光的记录可以看出，2018 年被曝光的记录量最高，尽管该年的数据泄露事件相对较少。

进入 21 世纪后，最严重的数据泄露事件涉及 Adobe、eBay、领英、万豪国际和雅虎等大型公司。其中影响最大的是 2014 年至 2018 年期间万豪国际发生的数据泄露事件，攻击者窃取了约 5 亿名客户的信息，其中约 3.27 亿名客户的护照号码、电话号码、旅行信息和其他个人信息被泄露。该泄露事件始于 2014 年，被攻击对象为万豪国际在 2016 年收购的喜达屋酒店。2018 年 9 月，泄露数据被曝光。2018 年 11 月，万豪国际正式宣布发生数据泄露事件。

另一起重大数据泄露事件是领英在 2012 年和 2016 年遭受的社会工程学攻击。作为最大的专业人士社交网站之一，领英吸引了攻击者的关注。2012 年，领英宣布攻击者盗取了约 650 万个用户口令。这些用户口令被发布在一个俄罗斯黑客论坛上。2016 年，同一黑客组织出售了盗窃的领英用户口令约 1.65 亿个。为减小数据泄露事件的影响，领英立即做出反应，敦促用户变更口令。

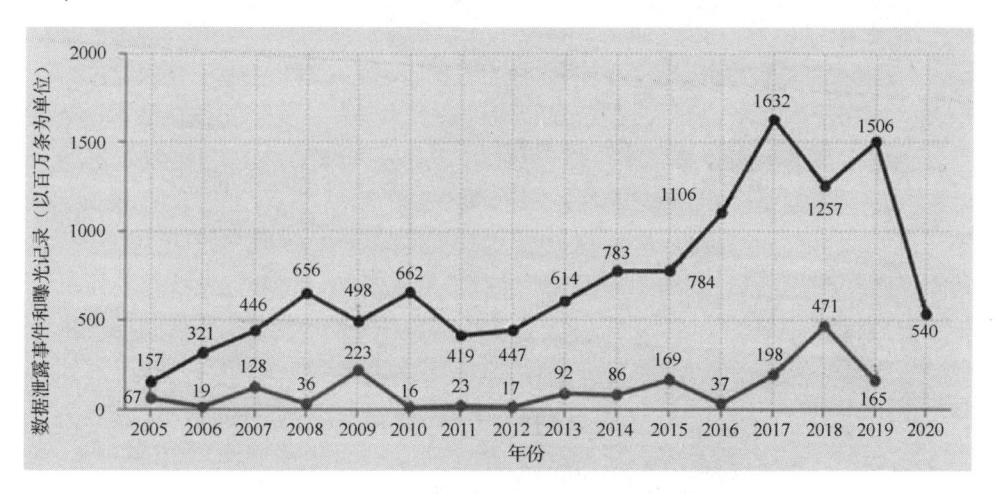

图 2.7　美国 2005 年—2020 年上半年的数据泄露事件和曝光记录（Statista，2020）

还有一起重大数据泄露事件，2016 年雅虎公开表明其在 2014 年遭遇了有史以来最严峻的一次数据泄露。此次国家性攻击行为导致约 5 亿名雅虎用户的真实姓名、电子邮件地址、口令、电话号码和出生日期被盗。这些数字唤醒了人们加强敏感用户信息的保护意识。

图 2.8 展示了 2014 年至 2018 年全球重大数据泄露事件。气泡大小代表了被曝光记录的数量。气泡越大意味着被曝光记录越多，而气泡越小意味着被曝光记录越少。这些数据泄露事件发生于通信和社交网站（Facebook、雅虎、Gmail、Slack、Snapchat、Instagram、Twitter）、航空业（英国航空公司、日本航空公司）、金融业（纳斯达克、摩根大通、欧洲中央银行）、互联网服务提供商（Bell）、政府数据库（韩国、美国、土耳其、菲律宾、印度）、餐馆（法国达美乐比萨、Wendy's）、医疗行业（社区卫生系统）、网络浏览器（Mozilla）、商店（家得宝、史泰博）、媒体行业（River City Media、维亚康姆集团）和运输行业（Uber、New York Taxis）。简而言之，所有重要商业领域在这 5 年都经历和报告过重大的数据泄露事件。

在图 2.8 所列的大部分事件中，数据泄露原因包括介质丢失/被盗、安全性差、黑客攻击、意外发布的报告和内部人员作祟等，其中黑客攻击是导致数据泄露的主要原因。

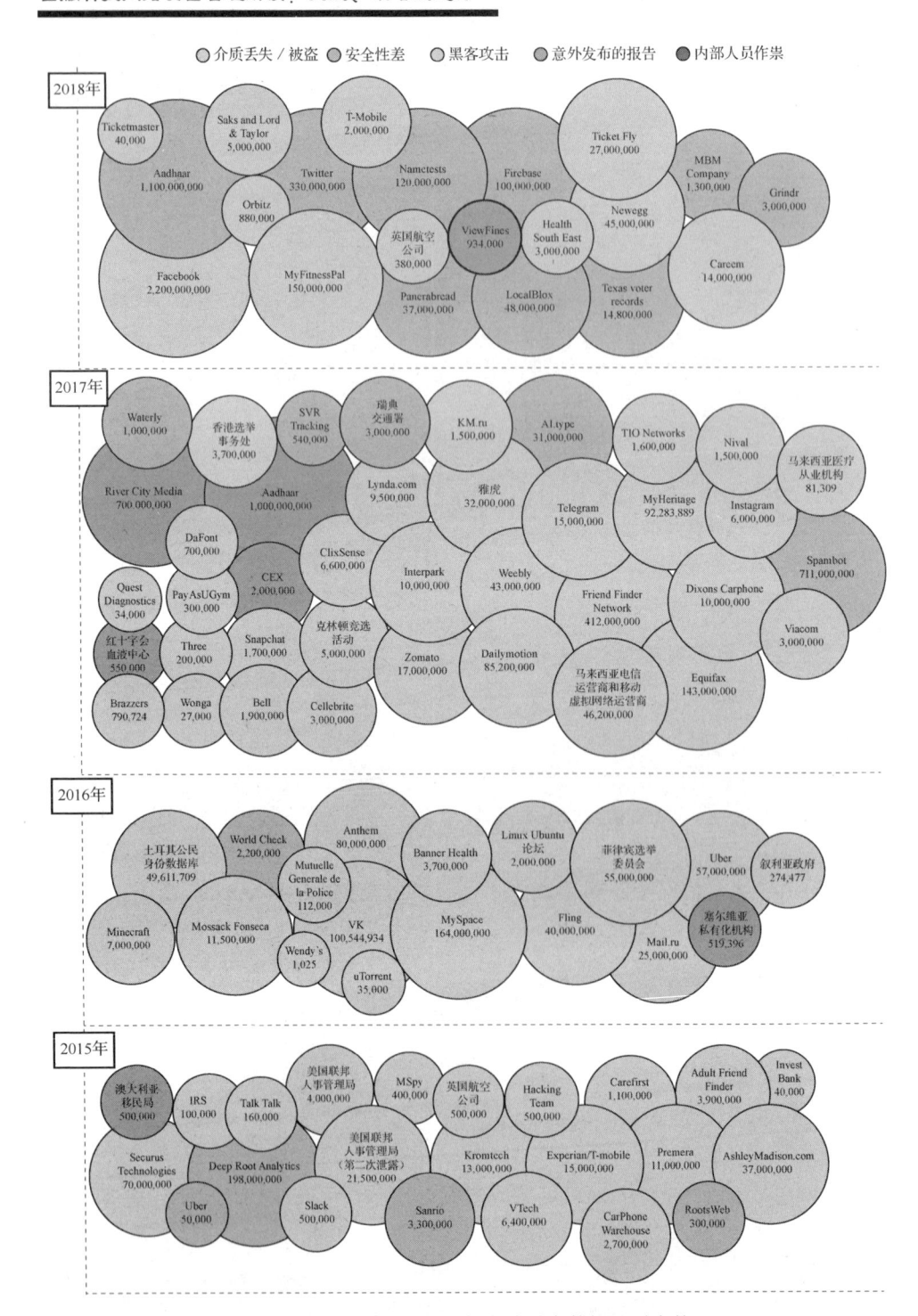

图 2.8　2014 年至 2018 年全球重大数据泄露事件

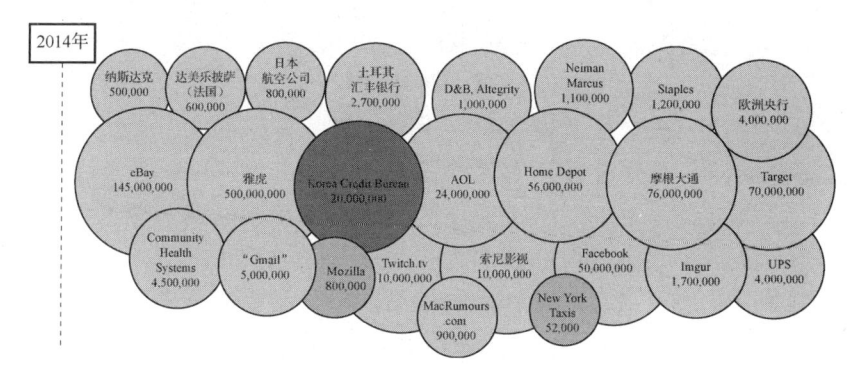

图 2.8　2014 年至 2018 年全球重大数据泄露事件（续）

2.9　NSA 的信息安全三要素

美国国家安全局（NSA，National Security Agency）从企业组织角度提供了评估、评价和测试安全漏洞的详细和系统性的方法。在遵循信息安全（INFOSEC，Information Security）和信息安全评估方法（IAM，Information Security Assessment Methodology）的基础上，NSA 的信息安全三要素重点关注安全漏洞的评估、评价和测试这 3 方面（Johnson，2004）。早在 1997 年，美国经验丰富的 NSA 和 INFOSEC 评估员就创立了 IAM，但直到 2001 年 IAM 才开始为人所知。

IAM 被用于评估一个组织的安全漏洞，并详细告诉该组织在安全评估中的注意事项，同时还提高了各组织的安全意识。本节将重点放在 IAM 三要素所包含的 3 项主要活动上：评估；评价；攻击和渗透测试（Miles 等人，2004）。

在启动安全评估流程之前，我们必须知道需要评估的对象是什么。例如，某一组织拥有多项可能受攻击的关键资源，该组织是否要对所有资源进行评估？要回答这一问题，我们应采用一种自上而下的三阶段方法，从第一阶段的评估开始，然后进行第二阶段的评价，最后展开第三阶段的攻击和渗透测试。既然是一种自上而下的方法，每一阶段都会为安全评估流程增加更多的细节和具体信息。

- 评估：评估阶段是站在组织层面的，重点解决非技术问题。作为一个理论阶段，评估员只分析现有的安全策略、程序、标准、架构和组织结构，而不涉及任何实践环节。该阶段提供了一个高层次的企业视角，这一阶段收集的关键信息、资源和组织结构等详细信息将有助于拟定下一阶段的评价策略。
- 评价：评价是自上而下方法的第二阶段。作为技术环节，评价主要侧重于识别评估中确定的关键系统的安全漏洞，并分析攻击者如何利用这些安全漏洞。在该阶段的实践过程中，评估员使用诊断工具扫描组织的计算机系统，形成一份有关硬件、软件和网络漏洞的详细清单，并进一步告诉组织应如何修复这些漏洞以避免被攻击者利用。在该阶段结束时，评估小组掌握了更多的信息，以便用于未来的评价。
- 攻击和渗透测试（红队测试）：攻击和渗透测试是自上而下方法的最后阶段，是高技术性环节。该阶段需要技术专家来攻击测试组织网络，也被称为红队测试。红队测试是指测试小组成员模仿攻击者，对组织发起恶意攻击，目的是了解攻击者发现组织网络漏洞和利用漏洞的难易程度。

表 2.1 总结了自上而下方法的几个阶段，并对比了每个阶段所开展的具体活动。

表2.1 自上而下方法的几个阶段及所开展的具体活动

评估（阶段1）	评价（阶段2）	攻击和渗透测试（阶段3）
非技术性	技术性	高技术性
提供一个高层次的企业视角	寻找漏洞	利用漏洞
理论性	实践性扫描	实际攻击和渗透
不使用工具	诊断工具	渗透测试
中等技能，用于收集信息	中等/专家知识	需要特殊技能（红队测试）
收集关键信息、资源和组织结构等详细信息	形成一份有关硬件、软件和网络漏洞的详细清单	形成有关对手将如何攻击网络的实践性结果

2.10 以数据为中心的安全管理

频发的数据泄露事件使金融机构承担着保护数据的重担。随着数据量的激增，传统的网络安全模型只关注数据位置，无法检测数据泄露。而以数据为中心的安全管理与只专注数据位置的传统网络安全模型不同，不论数据位于何处，它都能保护数据免遭破坏。

以数据为中心的安全管理不再考虑网络数据的边界、周界和终端安全，而是强调以数据为中心，对数据本身实施保护。一旦在计算机系统和服务器上创建新数据或修改现有数据，以数据为中心的安全管理系统就会扫描计算机系统，以核实该数据是否包含敏感信息。以数据为中心的安全管理系统将保护信息、资产和资源的机密性、完整性和可用性，使其免受威胁和漏洞的影响。

2.10.1 以数据为中心的安全循环

如图 2.9 所示，以数据为中心的安全管理是数据驱动安全循环模型，包括保护、传输、控制、访问和度量（Nicho 和 Advani，2012）。

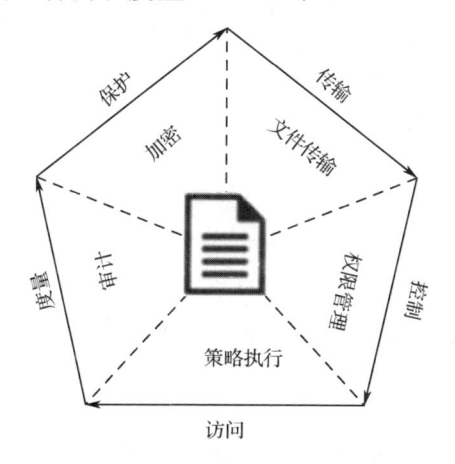

图 2.9 数据驱动安全循环模型

- 保护是指无论数据存储于何处，都可利用加密和口令来实现数据保护，避免数据非授权使用。只有经加密的数据才能在发送方和接收方之间传输。加密数据的目的是确保数据不被对手窃取。不论是静态数据、传输中的数据还是使用中的数据，以数据为中心的解决方案都能提供持续性保护。
- 传输是指传递和共享存储于文件中的敏感信息。信息可在网络内部或外部共享。
- 控制是指即使在敏感信息被共享和传输后，数据管理员也要对数据的访问进行控制，确保对敏感信息文件应用正确的访问权限，以控制哪些人可访问文件。只有授权人员才能对敏感信息进行修改。可分配给每位用户的访问权限有 3 种类型：管理员、用户和访客。这种分配方法将数据控制权交到数据管理员（数据所有者）手中，并明确限定了管理员、用户和访客可执行的活动。

- 访问是指敏感信息的访问权限可在传输的任何时候撤销。安全循环是一个持续的过程，且会在规定时限内实现闭环。
- 度量是指度量用户活动，开展定期审计，以核实所需的控制措施是否合适。

2.10.2　以数据为中心的安全管理的特点

为避免数据失窃，以数据为中心的安全管理在设计上具有以下特点（PKWARE 2020）：

- 集中控制：以数据为中心的方法按照集中控制的方式对数据进行保护。集中控制将跟踪数据库记录中数据的所有变动。一旦识别出敏感信息，就实施数据保护，对其进行加密，并以安全方式储存和共享数据加密保护口令。
- 自动化：随着数据量的激增，有效应用集中数据保护方式将变得难以管理。自动化数据保护成为加密数据和防止数据失窃的关键。
- 适应性：每个组织都有不同的数据规模、数据类型及数据保护策略，并且组织内各个部门的数据规模、数据类型及数据保护策略也各有不同。一个完善的以数据为中心的安全管理系统必须具有适应性，以满足这些要求。
- 无间隔保护：以数据为中心的安全管理会考虑数据在存储与传输方面的差距，因为数据有可能在未加密的情况下被存储和传输。而以数据为中心的方法将识别此类差距，并对其施加保护措施。

2.10.3　以数据为中心的安全管理的问题

尽管以数据为中心的安全管理系统拥有 4 大优势特征，但仍存在以下问题（Armoni，2002）：

- 不适用分布式系统：以数据为中心的安全管理是一种集中式方法，但在分布式（非集中式）系统中效率较低。分布式系统存在多个保护点，增加了系统的复杂性。此外，以数据为中心的安全流程对手动更新的系统而言也较为烦琐。
- 人为因素：以数据为中心的安全管理使用加密和口令来保护数据。然而，人们习惯重复使用同一口令，这就给以数据为中心的安全管理系统带来了其他问题。

2.11 本章小结

本章介绍了网络安全的定义，讲述了网络攻击的动机。CIA 三要素是网络安全不可分割的一部分，确保了数据的机密性、完整性和可用性。在此基础上，还增加了可追溯性和真实性这两项原则。本章列举了过去几年报告的多起数据泄露事件。通过对数据泄露事件形势分析，可以看出数据泄露相当普遍，导致了数百万条或数十亿条数据记录被曝光。此外，数据泄露还影响了金融科技生态系统中的金融机构（银行和股票市场）和金融科技初创公司（如支付系统、借贷、理财、众筹、保险公司等）。

本章介绍了一种基于 NSA IAM 流程来评估组织安全的自上而下的方法。该流程的第一阶段主要收集组织的详细信息；第二阶段通过扫描组织的计算机系统，收集组织漏洞，分析这些漏洞会被如何利用等关键信息，进而形成一份有关硬件、软件和网络漏洞的详细清单；第三阶段将由红队模拟发起恶意攻击，旨在了解攻击者会以何种方式利用组织网络中的漏洞。本章结尾指出了以数据为中心的安全管理的特点和问题。在理解所有的基本概念后，本章解决的问题如下：

- 发起网络安全攻击的动机是什么？
- CIAAA 原则的基本要素是什么？
- 网络安全的重要性是什么？
- 有哪些重大的数据泄露事件，它们是如何对金融业造成影响的？
- 如何评估一个组织安全与否？
- 如何进行以数据为中心的安全管理？

参考资料

第 3 章　金融科技领域的信息安全治理

网络攻击防不胜防。组织内现有信息的重要程度决定了攻击的复杂性和持续性。在吸引攻击者对组织发起攻击的信息中，首当其冲是组织的信息资产。在技术先进的当今世界，网络威胁来源于训练有素的专业攻击者，他们使用先进的工具发起复杂、隐秘的网络攻击。由于攻击者变得越来越精明，他们对信息资产造成的威胁远大于以往。随着技术的进步，攻击者用于获取非授权访问的工具也日益强大。因此，组织急需保护信息资产的安全。

在弄明白网络安全对金融机构的重要性后，组织还必须重视信息安全。在当今时代背景下，信息是决定组织成功与否的关键要素。所有组织都会采取保障措施，防止信息被窃取和滥用。攻击者希望窃取信息，并利用组织中的潜在漏洞来获取经济利益。因此，组织必须通过信息安全系统的治理确保信息安全。

本章介绍了信息安全治理的概念，简要说明了信息安全治理的政策和标准，并阐述了现有的信息安全治理模型。此外，本章还展示了发达国家广泛采用的综合安全治理框架，在其基础上，又提出了针对金融科技领域的信息安全治理模型。

3.1　信息安全治理的定义

在当今时代，信息技术已成为商业实践中取得竞争优势的一项重要资源。因此，所有组织纷纷加大对信息技术的投资。

要想打造可行的信息技术解决方案，仅靠投资是不够的。组织还需要创新业务实践，包括制定企业标准，评估战略，设定方向，确定遵循这些实践所需的工具。所有开展这些活动的组合统称为 IT 治理（Asgarkhani 等人，2017）。IT 治理既涉及战略，又涉及运营。

信息安全旨在保护个人、私有、机密和敏感的信息。治理是指某一组织中的各责任人所履行的一系列责任和采取的一系列做法。通过结合以上两项定义，我们可以得出，信息安全治理是指各责任人通过履行一系列责任并采取一系列做法来确保信息安全的实践过程。

换言之，信息安全治理是一种确保信息（即个人信息、敏感信息和机密信息）以符合问责结构、治理策略、程序、人员和资源要求的形式获得有效管理的实践活动。除了有效信息安全所包含的上述属性，信息安全治理还包括一个重要部分——风险管理。风险管理与财务、法律、信息安全和监管合规等各领域相关联。此外，管理不同领域的风险需要不同的专家。

这样一来，我们就可以得出信息安全治理的详尽定义："信息安全治理是在遵守信息安全政策和风险管理战略的前提下，以确保信息安全和管理网络风险为目的的做法，旨在保护组织有效工作所需的任何类型的信息免受侵害。"

各组织对信息安全治理的定义多种多样，它们按照自身情况对定义进行修改，但信息安全和风险管理是所有定义均包含的两个组成部分。国际内部审计师协会（IIA，Institute of Internal Auditors）的《国际内部审计专业实务框架》（IPPF，International Professional Practices Frame）就IT治理做如下定义："IT治理包括领导力、组织架构和相关流程，确保企业的信息技术为组织战略和目标提供支撑。"

图3.1展示了信息安全治理的常见方式（Love等人，2010）。信息安全作为企业层面安全治理的关键部分，与信息技术（IT，Information Technology）运营、信息技术项目和信息技术治理交互。其中，信息技术运营被认为是信息技术的当前状态，而信息技术项目被认为是信息技术的未来状态。因此，信息安全既与信息技术的当前状态形成交互，又与信息技术的未来状态形成交互。公司治理位于企业的顶层，其负责评估标准和政策，还为信息技术治理、信息安全、信息技术运营和信息技术项目所构成的中低管理层提供指导。相反，中低管理层以自下而上的方式监督企业治理的相关活动。

虽然不同组织对信息技术治理做出了不同定义，但所有组织都承认，只有在高层认清现状并提供明确指导的前提下，信息技术治理才能促进信息安全实践。信息技术治理通过控制与各业务领域相关的安全风险，维持信息安全活动及风险偏好水平。总体而言，信息安全治理包含以下活动的执行（Love等人，2010）：

- 基于自上而下的明确指导，促进有价值的信息安全实践。
- 通过将财务、信息技术和监管合规等领域纳入考量，控制企业的风险偏好。

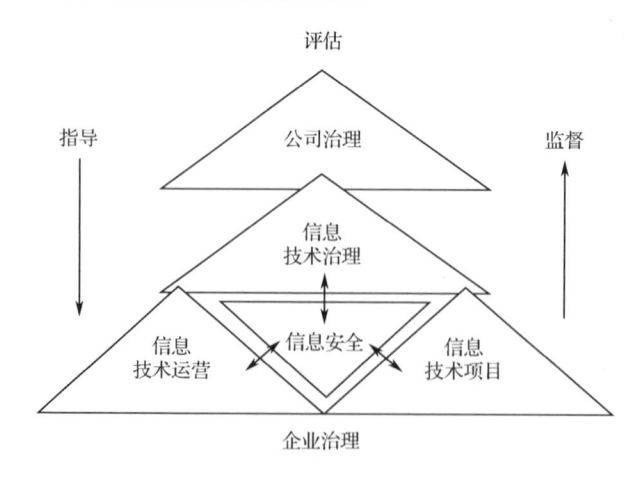

图 3.1 信息安全治理的常见方式

- 建立总体信息安全活动，以反映组织需求和风险偏好水平。
- 监督管理与信息安全治理标准相关的公司治理政策和标准。

3.2 信息安全治理解决方案

信息安全治理解决方案能让我们深入了解信息安全治理框架的核心组成部分：风险管理、财务管理、资产管理和威胁管理。这些管理系统有助于制定审计、风险控制和决策等多层面任务的执行战略。信息安全治理之所以重要，是因为它能提高财务收益，为新技术提供支持，服务于各项绩效目标，以及评估企业的成熟度。本节就信息安全治理规划、信息安全策略与标准、信息安全战略规划、信息安全角色与职责、资产安全治理等进行阐释。

3.2.1 信息安全治理规划

如图 3.2 所示，设计一个良好的信息安全治理解决方案需经过 3 个步骤：①创建治理；②交付治理；③审查治理。创建治理应采用自上而下的方式，董事会位于顶层，接下来是其他参与治理解决方案的人员，包括财务、法务、风险和信息技术等各部门的首席官员。这些人员负责制定和实施风险管理策略，并为组织构建一个风险偏好结构。

风险管理策略应与业务要求和流程相匹配。信息技术安全执行风险审查委员会（ERRB）所制定的全面风险管理战略应包含当前的风险结构（CGI

集团，2015）。治理活动负责人为适当的人员创建角色与责任，用于协同开展、规划信息安全治理相关活动。这些人员还负责起草审计和审查策略，以验证不断变化的风险。

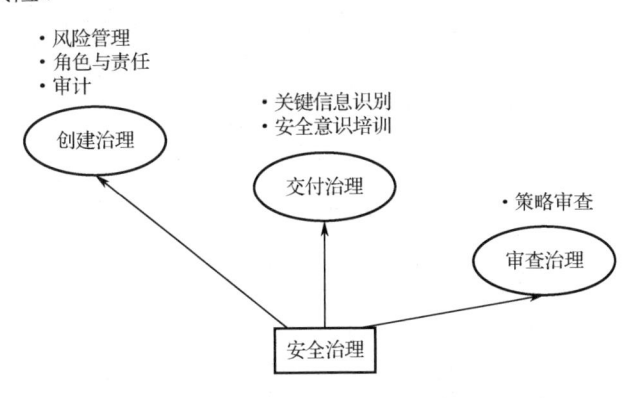

图 3.2　信息安全治理解决方案规划步骤

交付治理将确定与组织相关的资产、威胁、风险和关键信息，配套一系列安全控制措施和相关程序，实现风险管理。组织安全意识课程培训，使全体员工能够了解自身责任，从而使信息安全风险管理更加有效。最后，要定期审查相关策略，保证信息安全风险的妥善管理（CGI 集团，2015）。

3.2.2　信息安全策略与标准

信息安全策略勾勒了管理层对信息安全的立场。一个组织的信息安全策略包括 3 个层面：操作层面、战术层面和战略层面。操作层面的策略部署于组织结构的底层；战术层面的策略为中层管理人员而设计，而战略层面的策略针对高层管理人员。显而易见，中层管理人员根据战略层面的策略来制定实施于组织底层的策略。战略层面的策略也被称为特定问题策略，其处理的是组织中的特定信息安全问题。例如，常见的战略层面的策略包括互联网和电子邮件的使用、灾难和业务连续性计划，以及针对恶意软件的防护（Von Solms 等人，2011）。有关网络安全策略和战略管理的详细讨论，请参见第 8 章。

战术策略实施于中层，是战略策略的子部分。操作策略针对的是技术人员，如监测和报告安全事故的 IT 管理员。总体而言，安全策略涵盖了各个管理层级的以下领域（信息安全治理策略，2016）：

- 建立信息安全组织及服务。

- 对组织中的网络、应用程序和其他信息系统的访问管理。
- 管理加密控制措施以确保信息安全。
- 与 IT 运营、恶意软件检测、事件管理、漏洞管理、安全响应和监控及终端安全相关的安全运营管理。
- 通信安全管理。
- 信息系统的机密性、完整性和可用性管理。
- 信息安全事件管理。
- 业务连续性和信息灾难恢复计划。
- IT 风险与合规管理。

为确保战略目标得以实现,组织可使用具体的实践标准和安全标准,包括 ISO 27001、BS 7799、支付卡行业数据安全标准(PCIDSS, Payment Card Industry Data Security Standard)、信息技术基础设施库(ITIL, Information Technology Infrastructure Library)、信息及相关技术控制目标(COBIT, Control Objectives for Information and related Technology)、ISO 27002: 2007/ISO 17799: 2005 和 ANSI/ISA- 99.02.01-2009。

3.2.3 信息安全战略规划

正确实施信息安全治理会产生 4 种基本结果:战略协调、价值交付、风险管理和绩效衡量。战略协调要求安全需求与企业需求相协调。除了安全需求,安全解决方案也必须与企业流程相契合。此外,适当的信息安全战略规划将确保信息安全投资与企业战略和风险状况相一致。风险状况代表了企业可接受的风险偏好(Williams,2001)。

信息安全战略规划涵盖了高层管理人员应采取的行动。在开始规划企业信息安全战略时,董事会和高管应收集关于基准、成熟度模型、差距分析和持续绩效报告等方面的关键信息。这些信息有助于决策者制定符合当下信息安全标准和策略的战略。此外,还应该考虑到不断变化的风险水平和企业风险偏好水平。分析当前和可接受风险水平之间的差距,是弥补这一差距的必要条件。另外,高管还应审议年度风险报告,并组织头脑风暴会议,以讨论内部审计师所编写的行动结论。高层管理人员在审查这些结论后,还应进行后续跟踪,直至审计报告闭环。

业务连续性计划(BCP,Business Continuity Planning)也是信息安全战略规划的一个重要方面,因为无论企业面临什么样的风险,都不能中止业务。业务连续性计划要确保信息系统从潜在威胁中恢复,在发生灾难时保护资产。

业务连续性计划明确风险对运营的影响，并采取保障措施以缓解风险。同时，还应审查流程，以验证流程是否符合当前情况。最后，业务连续性计划还要确保测试程序的正常运行。

信息安全战略规划旨在提出一个成功的信息安全解决方案。信息安全战略规划不仅应考虑企业的长期和短期目标，还要与指导控制技术使用和保护信息的政策标准相关联。许多组织使用指标来衡量其信息安全战略规划的有效性（Ula 等人，2011）。

3.2.4 信息安全角色与职责

组织的信息安全治理分为 3 个层次，由处于顶层的董事会领导。在信息安全治理框架中，参与者包括 9 类人员。每类人员都有其独特的角色和职责，具体如下所述：

（1）董事会：作为高层管理人员，负责为企业制定战略，批准策略和标准。他们深知信息安全治理计划的必要性，负责应对威胁和风险，并做出董事会和高层决策。

（2）高级管理人员：包括首席执行官（CEO，Chief Executive Officer）、总裁和首席运营官（COO，Chief Operating Officer）等。

（3）跨组织的安全指导委员会：该委员会包括总法律顾问、首席信息官、首席安全官和/或首席风险官、首席隐私官、首席财务官、院长/学术单位主管和/或其他单位主管、传播/公共关系主管，以及人力资源总监等领导和组织。他们负责制定安全策略、程序、计划和培训课程。首席信息官参与事件管理、合规控制和审计协调。

（4）资产所有者：负责识别企业中易受风险影响的关键资产。假如没有这些资产，信息系统将无法正常运行。

（5）业务经理：履行多种职能，包括管理其他员工、确保企业财务目标的实现等。

（6）运营人员：在较低管理层面执行运营的员工，负责企业的日常运营。

（7）认证代理机构：作为专业服务机构，负责维护、推广和执行认证制度。

（8）董事会审计委员会：由多位审计师组成，他们负责监督公司的财务报告、内部控制制度和审计质量。

（9）内部和外部审计人员：负责验证文档中的策略和程序是否得到正确执行，且执行无任何偏差。

表 3.1 列举了管理人员为遵循治理框架而开展的各项活动（美国 IT 治理研究所，2006）。

表 3.1 管理人员开展的活动

管理人员	活 动
首席执行官（CEO）	● 整体战略和运营控制规划。 ● 将信息技术视为规划的最重要资源
首席财务官（CFO）	● 负责整体财务事宜。 ● 管理财务以实现组织目标。 ● 掌握信息技术工具，做出财务决策
首席信息官（CIO）	● 全面负责组织中信息技术的使用
首席安全官（CSO）	● 全面负责组织的安全管理。 ● 支持漏洞管理等活动。 ● 调整技术风险，使其与业务风险相一致
首席法律顾问（CLC）	● 担任组织的法律顾问
首席风险官（CRO）	● 管理整个组织的风险

3.2.5 资产安全治理

资产被定义为"有价值的物品"。机构中的每一项资产都是信息安全治理的对象。机构的重要资产包括 IT 硬件、软件、数据、信息系统、存储介质和系统文档。资产安全治理是指对机构中最重要的资产进行识别、跟踪、分类和权属分配。

首先，机构需编制一份资产清单，包括所有资产、资产位置及机构中相应的负责人员。负责人员可以是资产所有者或托管员。资产所有者负责确保资产的安全，而托管员负责按照所有者的指导方针，确保资产得到充分管理。数据所有者对数据的管理承担直接责任。识别资产的所有者将有助于明确责任（资产和数据管理，2019）。

虽然所有资产都能为组织带来增值，但是各项资产的价值并非一样。有些资产对组织的价值贡献远超其他资产。因此，组织应设立资产评级，以从高到低的方式对资产进行分类，如表 3.2 所示。

表 3.2 资产评级

评级	含 义
1	关键资产：始终可用并受到保护

续表

评级	含义
2	极其重要资产：可用并受到保护
3	重要资产：可用并受到保护
4	优良资产：可用并受到最低限度的保护

在确定资产评级后，组织还必须起草一份可接受的使用策略（AUP，Acceptable Use Policy），该策略定义和注明了与信息和信息处理设施有关的资产可接受使用的规则。该策略应分发至组织内的所有用户及组织外的第三方用户。

保护资产是信息安全治理中最重要的一个环节。不同资产对企业声誉和业务连续性会造成不同影响。一旦确定了各项资产的重要程度，就应启动资产保护流程。保护资产的方法有很多，如技术安全控制和立法授权等。保护资产的手段包括访问管理、确保资产物理安全等。

3.2.6 适合组织的治理结构

信息安全治理将技术和管理职能结合在一起。在当今社会，确保信息安全是组织的首要任务，因为信息是企业成功的关键。企业中的关键角色负责执行各自被指派的任务，以达成信息安全的一致目标。信息安全必须在遵守标准、机构策略和法律的基础上实现信息安全的有效控制。总之，企业有必要为自身设计一个适当的治理结构。

杂乱不协调的结构会让组织面临安全、合规、隐私、身份识别和其他监管方面的巨大挑战，还会导致效率降低。有效的治理结构由若干委员会组成，如高层指导委员会、咨询委员会和具体倡议委员会。高层指导委员会对主要的信息安全策略和安全倡议进行监督；咨询委员会负责与行政管理、安全意识计划和培训相关的事宜；具体倡议委员会负责企业资源规划、安全和业务连续性规划。

基于以上情况，组织所适用的信息安全治理结构应包括以下核心组成部分（如图3.3所示）。

每个组织采用不同的治理结构，具体取决于企业的预期成果。预期成果包括增加收益、获取利润或实现多种绩效目标。增加收益方面的预期成果可细化为提高客户响应和促进创新。获取利润方面的预期成果可概括为促进共享、重复利用和资产的有效利用。在实现多种绩效目标方面，组织既可将预期成果细化,也可对其概括,或者两者兼而有之。

```
                        信息安全治理结构
  委员会    ┌─────────┐  ┌─────────┐  ┌─────────┐
           │高层指导委员会│  │ 咨询委员会 │  │具体倡议委员会│
           └─────────┘  └─────────┘  └─────────┘
           ┌─────────┐  ┌─────────┐  ┌─────────┐
           │ 信息安全策略 │  │ 行政管理  │  │ 企业资源规划│
           └─────────┘  └─────────┘  └─────────┘
           ┌─────────┐  ┌─────────┐  ┌─────────┐
           │  安全倡议  │  │安全意识计划 │  │   安全   │
           └─────────┘  └─────────┘  └─────────┘
                        ┌─────────┐  ┌─────────┐
                        │   培训   │  │业务连续性规划│
                        └─────────┘  └─────────┘
  成果
           ┌─────────┐  ┌─────────┐  ┌─────────┐
           │  增加收益  │  │  获取利润 │  │实现多种绩效目标│
           └─────────┘  └─────────┘  └─────────┘
```

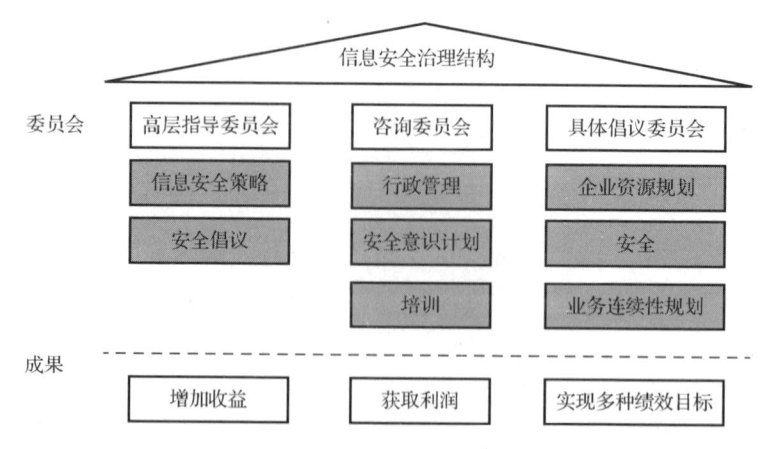

图 3.3 组织所适用的信息安全治理结构的核心组成部分

3.2.7 供应商和第三方

有些组织会在信息技术服务、资产和运营方面寻求供应商和第三方的协助。虽然聘请供应商和第三方有助于扩展业务运营服务,但也会增加安全风险。在计算外包的真正成本时,也应将识别和管控这些新增的安全风险所花费的开支计算进去。为管理风险,供应商和第三方需要遵守监管和合规方面的要求(KPMG,2019)。

外部供应商虽然是业务运营中不可或缺的一个组成部分,但也意味着外部供应商可从其服务的组织获取广泛的信息。当供应商访问这些信息时,被服务方就会失去对这些信息的直接控制。因此,应制定针对所有外部供应商的有效技术控制和风险缓解流程。

在启动对供应商的评估之前,组织需要了解以下信息(供应商和第三方管理,2019):

- 识别和记录不同的供应商,以明确每个供应商可访问或可操控的信息。
- 识别有关供应商责任的现行策略和标准。例如,旨在保护医疗保健行业的患者敏感信息的 1996 年《健康保险流通与责任法案》(HIPAA,Health Insurance Portability and Accountability Act)。
- 审查数据分类标准及其与供应商的关联性。
- 审查或制定供应商生命周期流程,流程涵盖初始审查、监测、验证和评估。

3.2.8 信息安全治理评估工具

在评估信息安全治理计划时，信息安全治理评估工具以国际标准化组织（ISO, International Organization for Standardization）制定的 ISO 27002:2013"信息技术-安全技术-信息安全控制实用规则"为评估框架。该工具评估所用的通用标准和框架包括 ISO 27002:2013、美国国家标准与技术研究院的 NIST 800-53 r4 控制措施、NIST 800-171 r1 控制措施、NIST 网络安全框架和互联网安全中心 CIS 20 大安全控制等。

评估工具可应用于一个业务部门，或应用于整个组织。在无另行指定的情况下，由首席信息官或首席安全官执行评估。一般来说，企业应每年完成一次自我评估。企业可自行斟酌变更评估频率。典型的评估工具以六分制来衡量信息安全治理解决方案的成熟度，如图 3.4 所示。该评估工具在 ISO 21827:2008 框架的基础上对成熟度进行评分，评分范围从 0 到 5，5 代表最高成熟度。

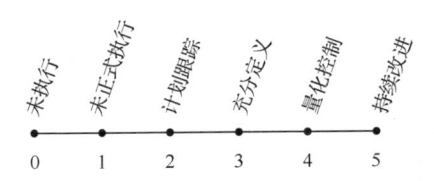

图 3.4　信息安全治理解决方案的成熟度评分

为方便计算分数，每个问题都选取一个分值（在 0 到 5 之间）。举例而言，某一评估工具包括以下问题（信息安全方案评估工具，2015）：

- 问题 1：信息安全策略——评估一个机构如何表述其信息安全意图。
- 问题 2：信息安全组织——评估一个机构如何管理整个企业的信息安全，包括机构领导层如何承诺提供支持并指明总体方向。
- 问题 3：资产管理——评估一个机构的资产管理计划，是否包含对最重要资产进行识别、跟踪、分类和权属分配的具体方法，以确保资产获得充分保护。

首席信息官应根据企业的信息安全治理策略，就每个问题选择 1 个分值。最后，将所有选择的分值相加，计算出该企业的平均分数。该分数即代表该企业的信息安全治理计划的成熟度。

以《高等教育信息安全治理评估工具，2006》中信息安全治理评估工具为例。该工具旨在评估组织的风险管理、人员、流程和技术得分，以计算出该组织的总体安全评估分数。该工具通过提出与组织规模、资产数量及其对信息技术的依赖度有关的问题来考量组织的特征。评估问卷分为4个部分，分别用于计算风险、人员、流程和技术得分。每个部分都载列了具体问题，分值尺度在 0 到 4 之间，0 表示未实施，1 表示处于计划阶段，2 表示已部分实施，3 表示接近完成，4 表示已充分实施。根据每个问卷的答案得分，将每个部分的得分相加。最后，将风险总分、人员总分、流程总分和技术总分相加，得出组织的安全评估总分。基于最终得分，为该组织评定安全评估评级。该评级也表明了该组织的成熟度标准。

3.3　现有的信息安全治理模型

本节将详细介绍现有的信息安全治理模型，包括基本模型和扩展模型等。

3.3.1　信息安全治理的基本模型

信息安全治理的基本模型包括 3 个管理层面：战略层面（高层管理人员）、战术层面（中层管理人员）和操作层面（基层管理人员），如图 3.5 所示。一般而言，信息安全治理包括两个主要流程：指导和控制。这两大过程均由战略指令所推动。当高层管理人员为实现组织的某个目标而发出指令时，就会出现指导。当高层管理人员发出的指令被遵守时，就会出现控制。

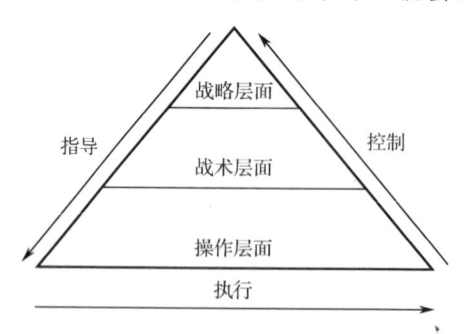

图 3.5　信息安全治理的基本模型（Von Solms 等人，2011）

指导是从上到下做出的，而控制则正好相反，两端分别是操作的指示者和执行者。指导和控制发生在所有管理层面。在战略层面上，管理层发出指令，战术层面的相关人员利用战略层面发出的指令来规划策略和制定组织标准，而操作层面的相关人员负责实施这些策略和标准（Von Solms 等人，2011）。如果信息安全治理实践得到正确实施，高层管理者则能追踪指令从战略层面到操作层面的执行情况。

3.3.2 信息安全治理的扩展模型

如图 3.6 所示，信息安全治理的基本模型被扩展后，每个层面上增加更多职能，同时底部还增加了技术层面。战略层面管理人员的主要职能是规划信息安全战略，为组织提供领导和资金支持（资助），承诺保护资产，指导和控制组织，拟定有关促进指导和控制的策略和标准，制定有关评估组织信息安全治理模型的安全指标，开展旨在验证组织信息安全治理的内部和外部审计程序。

战略层面
- 信息安全战略
- 领导和资金支持
- 保护资产
- 策略和标准
- 内部和外部审计程序

战术层面和操作层面
- 安全方案组织
- 安全策略、程序、最佳实践、标准和准则
- 合规性
- 监测和审计
- 法律和监管
- 用户意识、教育和培训
- 道德价值观和行为守则
- 隐私
- 信任
- 根据标准进行认证
- 风险管理和评估过程
- 最佳实践和基线考量

技术层面
- 资产管理
- 物理和环境控制
- 技术运营
- 系统获取、开发和维护
- 安全事件管理
- 业务连续性计划
- 灾难恢复计划
- 用户管理

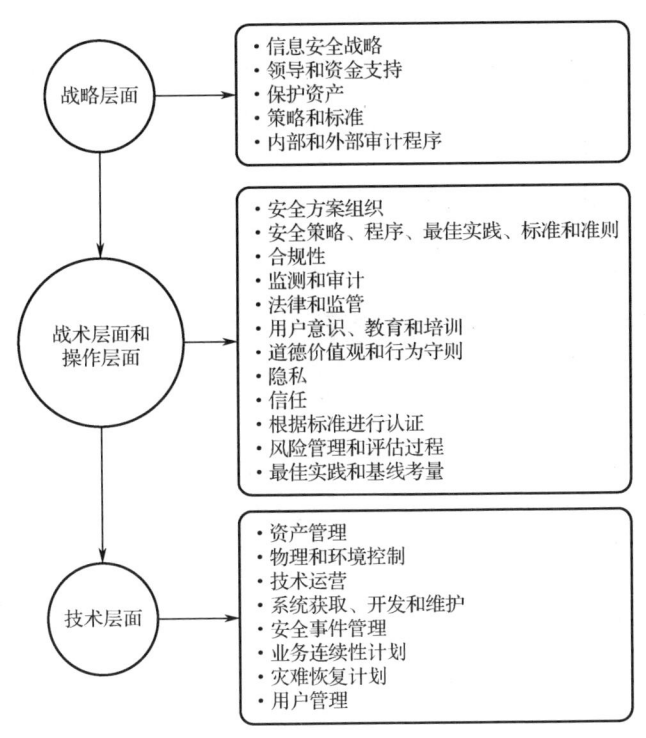

图 3.6　信息安全治理的扩展模型（Ula 等人，2011）

在信息安全治理的扩展模型中，代表中层管理人员的战术层面和基层管理人员的操作层面被合并为一个层面。该合并层面负责制订用户意识计划、开展教育和培训、创建和监督安全计划、监控用户行为以确保符合信息安全

标准，以及开展风险管理等。科研人员对于是否将隐私、信任和道德价值纳入这一层面产生分歧。隐私和信任管理涉及有关信息安全和非授权访问数据的问题，重点是在组织的交易者和利益相关者之间维持一种信任关系。管理人员还必须处理道德准则问题，以减少风险。除此以外，中层管理人员还需要确立一项基线，即遵循战略层面人员发出的指令。

技术层面是扩展模型中新增的一个层面，该层面涵盖所有员工，涉及保障 IT 环境安全的技术和物理机制等。技术层面人员开展的活动包括资产管理、技术运营、安全事件管理、业务连续性计划、灾难恢复计划和用户管理等。持续监控技术环境至关重要，这样才能识别出技术变化带来的风险（Ula 等人，2011）。即便如此，部分组织仍拒绝在信息安全治理模型中增加技术层面。

3.3.3 综合信息安全治理模型

与信息安全治理的基本模型一样，综合信息安全治理模型也包含 3 个层面。战略层面由董事会和执行管理人员组成，并负责发出指令。战术层面由高级管理人员和中级管理人员组成，他们按照指令起草公司策略和标准。操作层面由基层管理人员和管理员组成，他们按照流程执行公司策略和标准。

图 3.7 展示了发达国家所采用的综合信息安全治理模型，该模型在基本模型的基础上新增了若干职能。指导工作从战略管理层面开始，执行管理人员发出的指令时应综合考虑多项内部和外部因素，如风险、监管方面和业务要求等。这些因素反过来又为安全指令的制定提供参考。此外，该模型还提供了执行层面指令练习［图 3.7 中以（A）表示］等辅助手段。这些指令的输出均是明确定义的指令性问题，这些问题反映了执行管理人员的期望（Coertze 和 Von Solms，2013）。

下一个重要内容是安全需求，包括机密性、可用性、完整性、可验证性和可审计性。企业信息安全策略（CISP）定义高层次的安全声明，明确信息安全治理的角色、指令和愿景。CISP 以基层管理人员和运营人员需要遵守的各种公司标准为支撑。在确立信息安全政策架构（ISPA，Information Security Policy Architecture）和安全控制［图 3.7 中以（B）表示］后，还有一些次级策略和公司标准需要遵循。这些政策和安全程序被用于日常运营（Coertze 和 Von Solms，2013）。

在控制方面，需要进行安全控制和策略合规性分析［图 3.7 中以（C）表示］及应尽关心分析［图 3.7 中以（D）表示］。首先，必须对安全控制和程序的实施情况进行分析，识别不足。其次，应不断评估执行管理人员的执行情况，以确定其是否对信息安全履行了应尽关心义务。控制动作从操作层面开始。根据该模型，安全控制和策略合规性分析应在战术层面和操作层面进行，而应尽关心分析应在战略层面进行（Coertze 和 Von Solms，2013）。在应尽关心分析结束后，战略层面管理人员将确定在实施综合信息安全治理过程中管理的不完善之处。

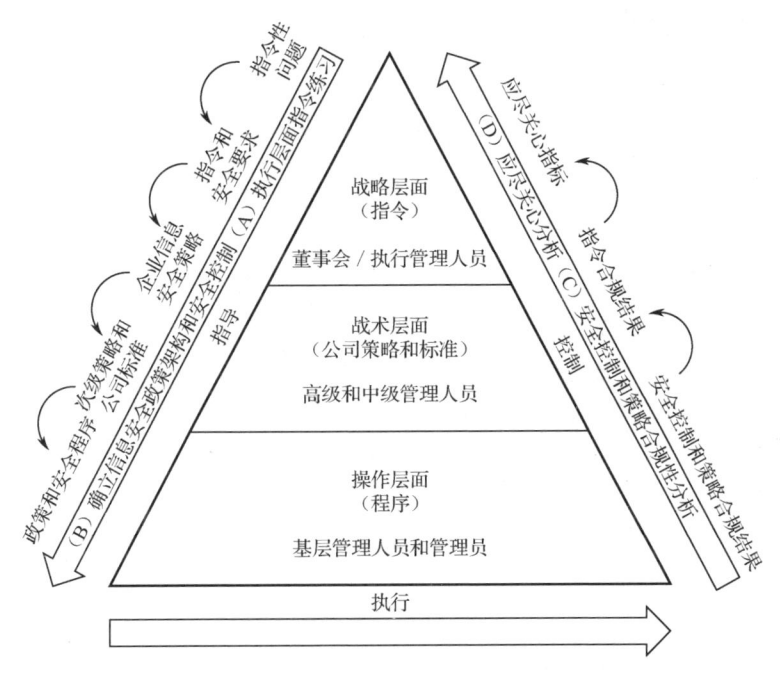

图 3.7　发达国家所采用的综合信息安全治理模型

3.4　何谓有效和高效的信息安全治理

有效的信息安全治理具有若干特点，例如：涵盖适当的组织人员、设立治理机构、建立治理框架、进行风险管理、形成可交付成果，以及应对不断波动的风险水平。

适当的组织人员包括董事会、执行管理层、业务经理和内部审计师等。这些人员参与设计治理策略，在组织内部实施这些策略，并进行内部审计，以便验证策略是否符合治理标准。这些人员在以下方面起带头作用：深入了解企业文化，发挥领导力，贡献资源，促进信息安全活动的实施，验证信息安全活动的有效性，并提出改进建议。

组织内还应有若干治理机构。例如：审计委员会、治理委员会、风险管理委员会和财务委员会，以及首席执行官（CEO）、首席财务官（CFO）、首席信息官（CIO）、首席安全官（CSO）、首席法律顾问（CLC）和首席风险官（CRO）等若干领导者，他们带领委员会完成各项信息安全目标，并对信息安全治理的效果负责。表 3.3 详细列举了这些委员会和委员会领导者开展的各项活动（Love 等人，2010）。

表 3.3　委员会及其活动

委员会名称	活　动
审计委员会	● 对财务事宜进行监督 ● 内部审计评估 ● 风险管理 ● 道德规范
治理委员会	● 筛选董事会成员 ● 评估 ● 牵头董事会的运作
风险管理委员会	● 风险分析和评估 ● 风险响应 ● 风险监测
财务委员会	● 审查财务报表 ● 现金流的运作 ● 投资管理 ● 做出财务决策 ● 生成财务报告 ● 理解信息技术，以确保信息的准确性

治理框架：为董事会和执行管理人员提供了制订审计计划的指导方针。该框架让组织以结构化、连贯有效的方式运作，以便向各方利益相关者、监管机构、服务提供商和其他相关商业团体做出解释。经过周密策划的治理框架有助于引导未来的业务变化和活动。

风险管理：与各类商业风险一样，组织应同样重视技术风险，并部署风险管理工具以分析、评估、缓解、监测和审查风险，这样才能设立阈值，及时处理风险。组织根据自身风险偏好政策，将规避、接受、转移部分风险，以缓解其他风险。鉴于每个组织的风险水平不同，可用于应对风险的财政资源也不同，因此会采取不同的风险缓解措施。但是，每个组织缓解风险的关键仍在于维持适当的资源和资金。

可交付成果：信息安全治理将形成定性和定量的可交付成果。定性可交付成果有助于衡量管理活动的有效性,而定量可交付成果可用于追踪定性措施无法涵盖的各项能力。定量可交付成果包括多项策略和标准的交付、一系列安全活动,以及企业培训和安全计划成果,这些定量成果并不会削弱定性可交付成果的价值。一般而言,组织会同时使用定性可交付成果和定量可交付成果。

应对不断波动的风险水平:相关机构借助风险管理来应对风险,为组织设立风险偏好,应对风险水平的波动。风险偏好策略将随着技术和信息资产的变化而更新。这些变化可以通过审计的方式进行验证。

3.5 综合治理机制

综合治理机制把信息安全治理、风险管理和合规性(GRC,Governance,Risk Management and Compliance)纳入单一框架内。我们从两个角度来思考综合治理机制:①信息系统如何协调综合治理、风险和合规性;②综合治理、风险和合规性如何应用于信息技术领域(Racz 等人,2010)。一般而言,主要思考角度是综合治理机制在组织中的实施和支持情况。

3.5.1 治理的作用

综合治理发挥以下重大作用(Park 等人,2006;Selig,2016):
- 将各种战略、控制、安全措施、执行人和团体整合到一个框架内。
- 明确决策权限和责任,以促进在利润和成本分析方面实现理想成果。
- 稳健的治理标准产生生产收益和成本效益。
- 建立问责制和决策权。
- 积极管理风险、变化和突发事件。
- 优化公司内的业绩、合规性、成熟度和员工发展。
- 改善客户服务,提高整体响应能力。
- 对可交付成果和信息技术资源进行管理、排序、资助、监控和衡量,同时确保资产能得到最大限度的利用。
- 调整 IT 投资和优先事项,使其与业务一致。

3.5.2 公司治理

就定义而言，公司治理是指指导和控制某一组织的规则、实践和流程，其本质涉及股东、管理层、董事会、客户、供应商、员工、政府和社区等各方利益的平衡。20世纪90年代后，众多公司将公司治理作为一项重要工作。1992年发布的《卡德伯利报告》曾引发了公司治理浪潮。公司在设立公司治理结构后才能实现对公司内部最佳实践的管理。

公司治理的目标在于提高公司的行为标准，加强安全控制，确保责任可溯，同时也旨在坚守公司的基本精神（Williams，2001）。随着公司治理结构的扩展，审计委员会也被纳入其中，并反复强调董事会必须维持健全的内部控制系统，以保障股东的利益。维护股东的至上地位是公司治理的关键原则，董事会是执行公司治理的中坚力量。

公司治理的主要任务是让所有各方为自身活动负责。例如，政府应对合规性负责，董事会和执行管理人员应对指令负责，员工应对日常运营任务负责，媒体方应对宣传负责。作为问责制的内容之一，董事会应定期向股东汇报财务信息，这也是公司治理政策透明化的具体体现。

当公司利益相关者分享的信息模糊不清时，其行为被问责的程度就会降低，就会出现不良的公司治理。不良公司治理会让公司运营和盈利能力充满不确定性。不良治理实践可分类如下（Chen，2021）：
- 董事会结构不良，使股东难以沟通；
- 高管薪酬方案设计不良，无法产生激励作用；
- 与审计师沟通不畅，导致发布虚假或不合规的财务文件。

3.5.3 良好治理的原则

在讨论了公司治理中的不良实践及信息安全治理的两大主要功能（指导和控制）后，下面介绍良好治理的原则（Stallings，2018）：
- 责任可溯原则：公司中的每位利益相关者均须对其所从事的活动负责。责任可溯原则将促使每个人为实现组织目标而竭尽全力。最高管理层应确保在整个组织内实施责任可溯原则。
- 透明化原则：每位利益相关者均应以文件、报告或财务报表的形式分享和披露与其活动成果相关的信息，该原则有利于确保公司内的信息透明。

- 战略性决策原则：公司的投资均应支持治理目标。安全治理将信息安全要求整合到现有的组织流程中，以形成战略性决策。
- 风险管理原则：应识别、分析、监控和缓解组织中资源和资产相关的风险。以风险为中心的安全治理将合规性、责任风险、运营损失、业务中断和声誉损害纳入考量，以确定组织的风险偏好。
- 业绩审查原则：安全治理将影响公司的总体目标和宗旨。必须通过财务报表、审计报告和风险管理报告来审查业绩，明确有待改进之处。
- 遵守要求原则：安全治理必须遵守内部和外部要求。外部要求包括强制性法律、法规、标准和合同。内部要求包括组织目标和宗旨。应通过安全审计来监测公司是否遵守相关要求。

3.5.4 开展治理审查的原则

治理的目的在于确保董事会在履行其职责时拥有充分的监督权，并确保董事会的授权得到恰当行使。开展治理审查是为了明确会议结论的预期目标，避免治理的重复性，并改善会议的议程结构。综合治理结构就像一个平台，用于制定系统性的方法，以应对关键战略和运营风险。该结构还明确了安全控制方面的不足。最后，综合治理结构将推动流程和系统的改进，以支持公司长期可持续发展（综合治理手册，2015）。

3.6 综合安全治理

本节将介绍有关推动建立综合安全治理的方法。综合安全治理所涉及的工作包括战略整合、网络风险缓解方法、决策的适应性和敏捷性，以及良好治理的报告框架。但这些工作因每个组织面临威胁时的准备情况而异。

3.6.1 战略整合

战略整合是指网络安全策略与公司信息安全治理的整合程度。二者既可以"完全不整合"，也可以"完全整合"。具体而言，整合程度取决于公司的网络安全策略。如果"完全不整合"，那么每个项目或业务流程将执行各自的战略。战略整合的第二阶段是"一致性"，也就是责任人员将确保一个领域的战略执行不会影响到其他领域的战略。战略整合的第三阶段是"协调性",即责任人员将携手合作,优化资源利用。战略整合的最后阶段是"完全整合",即整合囊括了不同领域的战略,以达成全公司范围的任务战略(Bodeau 等人,2010)。

按照组织的不同准备状态,战略整合可在组织内部进行,也可在组织外部进行。就内部而言,可整合的战略包括获取和/或计划管理、架构、业务连续性和任务保障等方面的战略,如表 3.4 所示。

表 3.4　组织内部的战略整合(Bodeau 等人,2010)

准备水平(由高到低排列)	与组织内其他战略的战略整合
普遍敏捷性	将网络安全充分整合入组织的任务战略
架构弹性	使架构战略、获取战略与网络安全战略保持协调
响应意识	使架构战略、获取战略和网络安全战略保持一致
关键信息保护	使信息安全战略与业务连续性保持协调
边界防护	无整合

组织外部的战略整合体现了组织与供应商、客户、第三方供应商和商业伙伴的接洽方式。表 3.5 列出了组织外部战略整合的大致内容。

表 3.5　组织外部的战略整合

准备水平(由高到低排列)	整合程度
普遍敏捷性	与其他组织的网络安全相关人员及合作伙伴、供应商和客户保持协调
架构弹性	与合作伙伴、供应商和客户保持协调,以共同应对威胁
响应意识	与其他组织(合作伙伴、供应商和客户)的网络安全相关人员进行对接,培养威胁态势和事件监测的共享意识
关键信息保护	与合作伙伴和供应商组织共享信息,以提高对威胁的共同认识并侦查事件
边界防护	与供应商网络安全人员共享安全需求和关注等信息

3.6.2　网络风险缓解方法

网络风险缓解方法反映了组织在遵守良好实践标准和主动缓解风险技术方面的优先级。网络风险缓解方法必须将对手战术、技术和程序背后的动机纳入考量。此外,在组织进行不同领域和不同流程的整合后,必须查明任何激增的网络风险。表 3.6 总结了公司用于缓解网络风险的各种方法。

表 3.6 网络风险缓解方法（Bodeau 等人，2010）

准备水平（由高到低排列）	方　　法
普遍敏捷性	网络安全建立在遵守良好实践标准的基础上，能够确保公司在面对创新对手时保持业务连续性
架构弹性	网络安全建立在遵守良好实践标准的基础上，采用最先进的技术
响应意识	网络安全包括对良好实践标准的遵从，可应对高级威胁
关键信息保护	在更广泛的风险管理背景下，遵守良好实践标准，实现信息安全
边界防护	遵守良好实践标准，实现信息安全

3.6.3 决策的适应性和敏捷性

对抗性威胁可能会扰乱整个组织范围内的业务。处置网络安全事件是安全治理实践的一部分，但是业务连续性规划通常不考虑对手活动。因此，组织需要具备做出决策的适应性和敏捷性，必要时启用替代的通信、控制和处理模式。表 3.7 展示了组织用于实现决策适应性和敏捷性的方法。

表 3.7 实现决策适应性和敏捷性的方法（Bodeau 等人，2010）

准备水平（由高到低排列）	实现决策适应性和敏捷性的方法
普遍敏捷性	能在面临网络安全事件时提供关键决策的经过充分定义、实施和演练的流程，并对网络威胁导致的长期服务中断进行责任划分
架构弹性	能在面临网络安全事件时提供关键决策的经过充分定义和实施的流程，并对网络威胁导致的长期服务中断进行责任划分
响应意识	定义了在面临网络安全事件时有限替代决策步骤的流程
关键信息保护	在面临网络安全事件时能提供短期替代支持的信息决策流程
边界防护	在攻击者行为造成轻微服务中断时的决策流程

3.6.4 良好治理的报告框架

良好治理的报告框架包括两大核心要素：首要原则和最新文件。这两大要素将确保会议具有有效性和及时性，由适当人员出席，并形成记录（Bradford District Care，2020）。

（1）首要原则

首要原则将确保框架内收集、分析和展示的信息能够解答委员会成员的提问。下面介绍了报告框架的 3 大首要原则：

- 风格指南：文档必须遵循同一标准格式，且必须以相同字体、字号和风格来书写。
- 议程和纸质材料的分发：议程和会议纸质材料必须提前分发，以便参会成员有足够时间为会议讨论要点做准备。分发的最佳时间为会议前5个工作日。
- 口头陈述的项目和桌面展示的纸质材料：在特殊情况下必须口头陈述和桌面展示重要议程项目。让参会成员有时间思考答案，这一点至关重要。文件的展示将有助于推动决策进程，并作为恰当决策的依据。

（2）最新文件

会议所需的文件包括议程模板、会议纪要、行动说明、行动日志、职权范围、年度工作计划、材料索引和辅助文件，都要求为最新版本。表3.8简要展示了这些文件所包含的信息。

表3.8 报告框架内的必要文件及信息（Bradford District Care，2020）

文件类型	所包含的信息
议程	拟在会议上讨论的项目
会议纪要	以清晰格式记录的、有关会议讨论情况的正式摘要
行动说明	会议中商定的行动，也是对会议的一种记录
行动日志	会议中所记录的行动，其格式不同于行动说明
职权范围	有关委员会成员、出席者及其职责的信息
年度工作计划	拟定未来议程
材料索引	有关每个议程项目的标准信息，如会议中的纸质演示文稿
辅助文件	材料索引以外的任何信息

3.7 有效实施可持续发展战略

对所有组织而言，可持续发展概念具有同等重要性。可持续发展通过让员工参与盈利和满足客户需求，帮助组织获得竞争优势。因此，可持续发展不仅能为公司创造价值，而且具有商业意义（Garza，2013）。

坚定的领导力、明确的方向和战略影响力是组织有效实施可持续发展战略的前提。下面介绍了组织在有效实施可持续发展战略时的考量因素（Eapen，2017）：

- 坚定的领导力：作为可持续发展战略的基础，坚定的领导力展示出公司的认真态度。
- 责任追究：确保可持续发展战略与商业目标有机结合。
- 结构化调整：与业务目标、绩效审查和组织结构保持一致的结构更易获得成功。
- 灵活性：在公司的所有业务部门内灵活地调整和建立可持续发展计划，确保员工的参与度。

当前，用于实现可持续发展的最佳结构包括以下组成部分：

- 负责人：可持续发展负责人将确保认真对待可持续发展问题，并不断敦促各方努力实现目标。负责人也代表了公司的承诺。
- 董事会：董事会专门委员会是为弥补董事会在决策时的专业不足而设立的。董事会可设立多个专门委员会。
- 跨职能执行委员会：在董事会专门委员会下组建一个跨职能执行委员会将有助于各业务部门的领导层参与进来。该委员会可执行多项职能，如风险管理、供应链、运营和设施、营销和沟通。
- 可持续发展团队：在跨职能委员会的指导下，这些团队将负责协调日常活动。
- 支持性结构：该结构下的团队将支持战略和目标的整合。这些团队的成员负责实施战略，跟踪业绩，并提高员工的参与度。
- 外部咨询：外部咨询委员会并非可持续发展战略的正式组成部分，但它作为一种推进公司相关议程的机制，具备一定价值。

一个可持续发展的社会既要满足当代人类的需求，又不能牺牲后代的需求。可持续发展战略可赢得财务利益、客户忠诚度和员工参与度。可持续发展战略关系着财务业绩的高低和融资渠道的畅通。如果一个公司未制定可持续发展战略，那么其财务业绩必将下滑（综合治理，2014）。

3.8 综合安全治理框架

综合安全治理框架包括架构、域和展示 3 个主要视角。表 3.9 列出了综合安全治理框架的总体要求（Park 等人，2006）。

表3.9 综合安全治理框架的总体要求

视角	总体要求
架构	各域之间存在明确关系； 对公司安全中各域进行划分
域	顾及公司安全的每位参与者； 考虑业务信息的特点； 成本和效益分析； 对安全控制和策略进行细分
展示	呈现安全治理框架的全景图； 结构化展示公司安全中每个客体

综合安全治理框架包含三大域：共同体域、安全域和业绩域。每个域都有若干执行相关职能的客体。各域之间存在两种关系：协调关系和促进关系。协调关系用于管理三大域之间的关系，涉及公司安全的社会性、组织性和人为性因素。促进关系用于管理业绩和安全域之间的关系，涉及公司安全的良性循环（Park 等人，2006）。图3.8展示了综合安全治理框架。

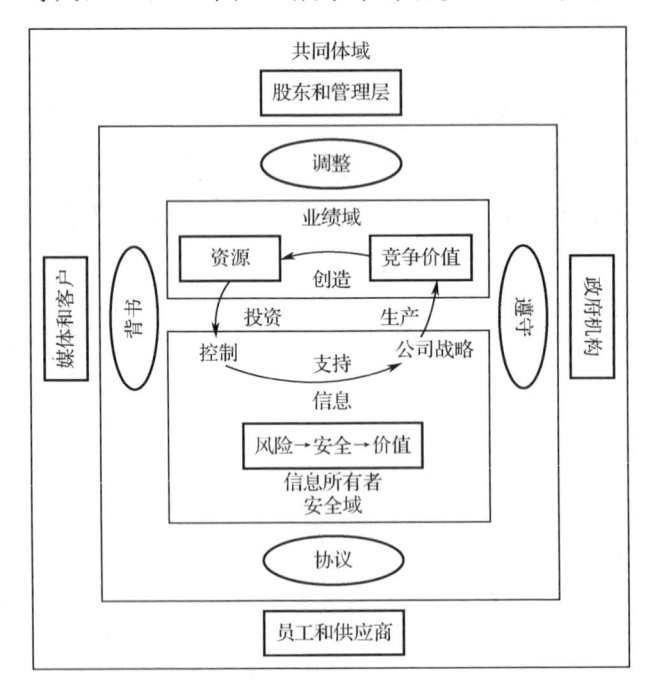

图3.8 综合安全治理框架（Park 等人，2006）

该框架将政府机构、股东和管理层、媒体和客户、员工和供应商整合起来，分别执行4项主要任务。政府机构制定公司在工作中需遵守的标准和政策，媒体和客户认可安全计划，员工和供应商与公司签订协议并受之约束，股东和管理层要保持自身与公司安全标准策略的一致性。

共同体域包含诸如股东和管理层等人员，他们负责发出指令，并受公司盈亏的直接影响。业绩域负责根据资源的可用性及其竞争价值来进行成本和效益分析。安全域涉及处理风险及其对公司安全的影响程度，是能创造价值的公司战略。

3.9 综合框架评估

对综合框架的评估应围绕治理结构、管理层结构、运营性基础设施及薪酬和现金流这些方面进行。

3.9.1 治理结构

治理结构与治理框架可互换使用，它们都是指一个组织进行治理时采用的结构。治理结构反映了相互关系、各项要素及其对公司产生的其他影响，其支配和管理着组织中的各种角色，还为公司中各个业务部门制定规则、程序和其他信息准则。除此之外，治理结构还定义、指导和规定业务流程的实施。

各组织采用治理结构来保护其信息资产。治理结构被认为是一个跨越整个公司范围的公司治理问题。如前所述，公司治理可以抽象为指导循环和控制循环模型。指导循环从最高管理层开始，自上而下进行，而控制循环的方向则正好相反。控制是指按照最高管理层的设计实施日常运营。

3.9.2 管理层结构

管理层包括 3 层：高层、中层和基层。高层管理人员由董事会、首席执行官（CEO）、首席财务官（CFO）、首席运营官（COO）和合作伙伴组成。高层管理人员为中层和基层管理人员提供策略和战略方面的指导，每位高层管理人员都直接分摊公司的利润和损失。中层管理人员是将文件中的策略和战略变为现实的管理者，他们指导基层管理人员实施这些策略和战略。基层管理人员是执行日常运营的业务人员。对组织而言，评估各层管理人员及其对综合框架的贡献是至关重要的，因为这些管理人员为组织带来业务，也向客户交付产品。

3.9.3 运营性基础设施

运营性基础设施包括资产、资源、计算机系统、网络设备及其他组织日常运营所需的各项资源。这些资源是组织开展运营活动的关键。

3.9.4 薪酬和现金流

薪酬和现金流管理的重点在于，奖金的发放要有适当理由。因此，组织要求高管汇报现金流、营运资本和投资回报。现金流的另一端是收益和收入。组织需要在总支出和总收益之间保持平衡，因此应在资产负债表中记录每一笔交易（Bodeau 等人，2010）。评估薪酬和现金流将确保组织有足够的资金进行业务投资。

3.10 金融科技领域适用的信息安全治理模型

综合安全治理框架为金融科技领域的通用信息安全治理模型奠定了基础。我们基于相同的模式，提出了金融科技领域的信息安全治理模型，如图 3.9 所示。该模型包括三大域（共同体域、业绩域和安全域）和四大组成部分（股东和管理层、技术开发者、金融科技初创公司和政府机构）。

三大域

共同体域由股东和管理层组成，他们接受指令并将指令传递给金融科技机构的基层管理人员。这些指令包括有助于保护金融信息的安全策略和战略。金融机构的利润和损失会让股东直接受到影响。共同体域的成员必须调整金融科技机构的业务目标，使其与安全目标保持一致。业绩域包含财务和客户数据，如支出、收入、参与实体（买家和卖家）、客户和付款等。每一组数据都是金融科技机构的资源，为整个机构资产带来增值。鉴于此类增值作用，这些数据被认为具备竞争价值，需要妥善保护。此外，这些数据还被用于相关实体开展金融交易。

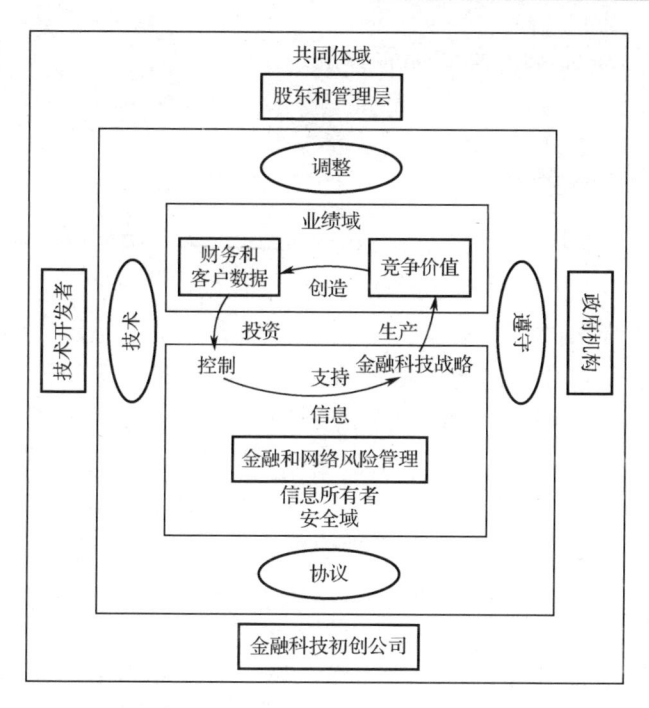

图 3.9　金融科技领域适用的信息安全治理模型

三大域在这个模型中起着最重要的作用，因为它保护信息、资产和资源。金融科技机构易遭受金融风险和由此产生的网络风险。因此，信息安全治理模型必须将金融风险和网络风险的管控纳入考量，映射出金融风险和网络风险之间的关系。本书第 6～8 章将详细介绍金融风险和由金融风险催生的安全目标之间的映射关系。以保护金融科技机构的关键信息为宗旨的金融科技安全战略，将帮助组织管理金融风险和网络风险。

四大组成部分

为金融科技领域打造的信息安全治理模型所包含的四大组成部分也是金融科技生态系统的基本组成部分。股东和管理层负责制定信息安全策略和战略，为金融科技机构的信息流提供指导。技术开发者负责开发金融科技行业所使用的创新技术。金融科技初创公司从事众筹、参与资本市场、支付、财富管理和保险等各类金融活动。这些活动的开展不仅需要金融数据，而且会产生更多的金融数据，因此公司必须妥善保护这些金融数据。金融科技初创公司按照约定开展工作，为金融科技生态系统中的所有利益相关者提供安全的信息环境。政府作为金融科技生态系统的一个重要组成部分，负责设计信息安全管理相关的立法和监管标准。所有金融科技初创公司和金融科技机构的管理策略都必须符合政府的监管标准。

3.11 本章小结

本章介绍了信息安全治理、用于设计信息安全治理方案的各种策略和标准，以及当前可用的信息安全治理模型，深入分析了组织三级管理层中不同人员的角色和责任。基于三级管理层结构，信息安全治理框架分为两大职能——指导职能和控制职能，由基层管理人员通过执行策略和战略进行支持。此外，本章还介绍了信息安全治理综合框架，主要包含重要领域、组成部分、个人及其活动成果。最后，在综合安全治理框架的基础上，本章提出了金融科技领域的通用信息安全治理模型。

信息安全治理关系到政府机构、传统金融机构和金融科技生态系统中的金融科技初创公司。政府机构为信息安全治理起草立法和法规。金融机构和金融科技初创公司同其他组织一样，设立三级管理结构。本章回答的问题如下：

- 什么是信息安全治理，以及为什么组织必须确保信息安全？
- 组织内涉及的人员有哪些，其角色和责任分别是什么？
- 当前有哪些可用的信息安全治理模型？
- 有效的信息安全治理具有哪些特点？
- 综合安全治理的重要组成部分是什么？
- 什么是综合安全治理框架，我们如何对其进行评估？

参考资料

第4章 金融科技领域的网络安全威胁

随着各类数字钱包的普及使用，诈骗交易、勒索、拒绝服务攻击和信用卡诈骗等金融网络安全威胁事件频频发生，足以对金融业造成系统性风险。在金融业迄今所目睹的若干著名网络攻击事件中，通信系统等关键经济基础设施均受到影响。此类攻击的目的是：蓄意破坏硬件和泄露对金融服务造成不利影响的敏感业务数据。

在全球范围内，金融科技领域频发的两大网络安全威胁是数据泄露和分布式拒绝服务（DDoS，Distributed Denial of Service）。图 4.1 列出了 2007 年至 2019 年所曝光的、对金融机构和银行造成重大经济损失的网络安全威胁。可明显看出，多年来，网络安全威胁给金融科技领域带来了严重的风险。

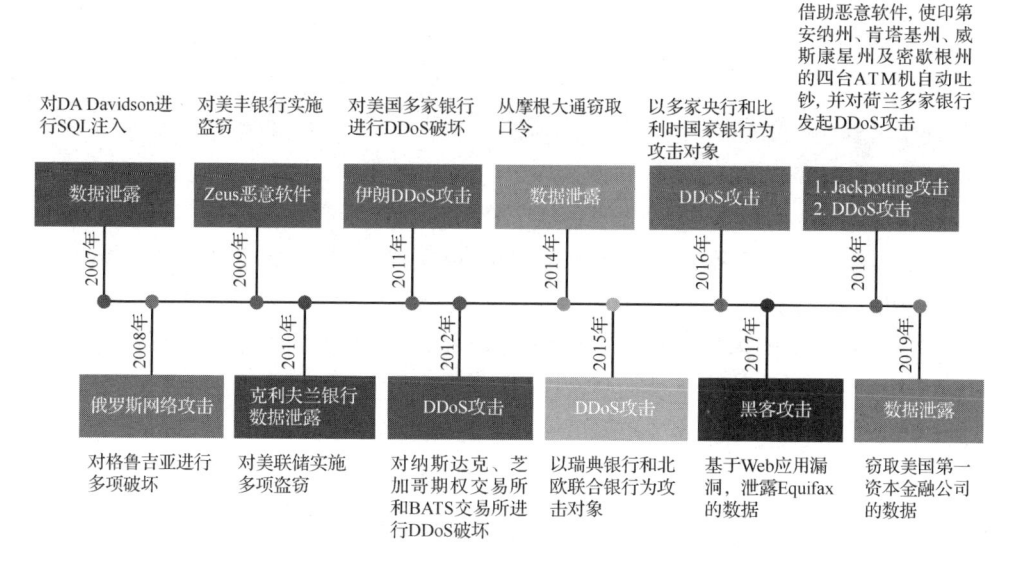

图 4.1 2007 年—2019 年期间全球范围针对金融科技领域的网络安全威胁时间表
（金融机构相关网络事件时间表，2021）

在所有曝光的网络安全攻击事件中，最常见的当属数据泄露、恶意软件、分布式拒绝服务攻击和黑客攻击。攻击者在窃取口令和敏感信息后窃取数据。

从更高技术层面而言，SQL 注入是攻击者最常用的从数据库服务器窃取数据的一种技术手段。SQL（结构化查询语言）本身是一门用于选择、插入、删除存储于数据库中数据的语言，攻击者在 SQL 查询语句中注入恶意参数，达到从数据库窃取数据的目的。

WannaCry 和 NotPetya 等勒索软件攻击，已对金融科技巨头的财务稳定性造成了严重破坏。在某些案例中，攻击者借助跨站脚本攻击（XSS，Cross-Site Scripting），利用 Web 应用漏洞窃取敏感金融数据。此外，Carbanak 网络犯罪团伙还在 2013 年通过鱼叉式网络钓鱼邮件感染了银行的计算机系统（Johnson，2016）。在鱼叉式钓鱼邮件中，攻击者专门以特定收件人群体（如某一业务集团）为目标来窃取敏感信息。

在著名的数据泄露案件中，位列全球第六的美国银行摩根大通在 2014 年报告其超过 700 万家小企业和 7 600 万个家庭的数据被泄露。这起数据泄露事件被列为全球高度安全的银行机构所遭受的最严重的网络入侵之一。黑客窃取的个人身份信息包括银行账户相关的电子邮件、电话号码、姓名和邮寄地址，但摩根大通最初否认用户口令在此次网络入侵中被盗（摩根大通，2014）。

位列全球第十的美国第一资本金融公司（Capital One）也成为数据泄露事件的受害者。在 2019 年发生的某次攻击中，一名黑客窃取了超过 1 亿名客户的银行账户和信用卡申请资料。该黑客因在网上分享这些窃取来的社保号码和银行账户号码而受到指责（McLean，2019）。通过这些事件，我们可以看出网络罪犯以金融科技公司为目标发起攻击并赚取经济利益和破坏金融服务的程度之深和规模之大。

总而言之，金融科技行业对各类意欲破坏业务的网络攻击深感畏惧，因为网络攻击会带来数据泄露、财务损失、声誉受损及行业形象破坏。此类网络活动让金融科技行业陷入威胁泥沼之中。

本章将介绍一种新的网络安全范式，有助于读者了解网络安全威胁、对手行动及金融科技领域所涉及的不同威胁类别。在了解这些基础知识后，再介绍不同类型的威胁主体、威胁情报和威胁建模。

4.1 了解网络安全威胁

英语单词"cyber"（中文意思为"网络"）来源于控制论，即一门研究机器运动的科学。在当今时代，该术语被用于描述信息安全问题。网络安全威胁是指以窃取敏感数据、扰乱正常运营、破坏数据或使数据无法使用为意图的各种恶意行为。网络安全威胁是未授权人员试图访问授权信息造成的。常见的网络安全攻击形式包括恶意软件、勒索软件、拒绝服务攻击（DoS）、分布式拒绝服务攻击（DDoS）、数据泄露和网络钓鱼等。

事实上，并非所有网络安全威胁都是由未授权人员的非法行为造成的。授权人员也可能因滥用其授权和权限而触发严重的网络安全威胁。在某些案例中，组织内部员工的无意行为也会造成潜在危害。例如，某位员工点击了某个恶意链接，导致其工作站/计算机被秘密安装了恶意后门软件，那么该员工就会成为网络钓鱼攻击的受害者。

2017年金融科技安全分析报告（绿盟科技，2017）显示，到2021年年底，网络犯罪造成的全球损害将达到6万亿美元，比2015年增加3万亿美元。在金融机构涉足互联网相关业务后，它们就成为网络攻击的头号目标。上述报告还显示，有60%的金融机构使用云服务，其中大部分使用的是私有云。

当前，网络安全威胁变得日趋复杂，攻击种类和次数也日渐增多，因此了解网络安全威胁态势实属当务之急。一旦网络安全威胁变为现实攻击，就会导致安全事件，使数据的机密性、完整性和可用性受到损害。这些结果还会进一步导致敏感金融信息泄露给未授权的外部人员或授权的内部人员。

网络安全威胁意味着资产可能遭受不利影响。因此，有必要准确识别那些对金融资产构成重大挑战的潜在威胁。虽然金融科技公司发展迅猛，但由于存储了大量的敏感个人信息和组织信息，如信用卡、社保号码、银行账号和收入详情等，因此隐私和安全仍是其面临的最大威胁。

随着人工智能和机器学习等新兴技术的出现，网络罪犯发起的网络攻击正变得愈加复杂，他们还可以通过自主决策和自学习机制来自动识别和利用系统漏洞。后面将进一步讨论金融科技领域的若干重要网络安全威胁类别。

4.2 了解对手

《牛津词典》将对手定义为："在争论或战斗中与某人相对立或竞争的人。"同样，对应到网络安全领域，对手是指使用各种战术、技术和程序（TTP）来破坏某一组织网络安全的攻击者。对手的终极目标是安装Rootkits和系统后门，从而在不被合法用户察觉的情况下访问网络，窃取数据，使合法用户无法进行基本操作，无法中断服务并规避检测。

对网络安全团队而言，了解对手至关重要，因为这是确定攻击者动机和威胁类型的前提。此外，了解对手也有助于网络安全团队建立一个检测和防御能力需求优先级列表，便于准确阻止对手的攻击。

知彼知己，百战不殆；不知彼而知己，一胜一负；不知彼，不知己，每战必殆。——孙子

该名言同样适用于网络战争。根据 CrowdStrike 发布的《2019 年全球安全态度调查》的数据，仅 19%的英国受访者认为，了解攻击者的战术是重要的。这一数据令人十分担忧，因为很多信息安全专家没有对了解对手和理解其动机给予重视。了解对手将有助于：

- 识别系统中的弱点；
- 发现能够利用这些弱点的威胁；
- 明确谁会利用已识别弱点及如何利用；
- 明确失陷指标（IOCs，Indicators of Compromise）和攻击向量。

失陷指标可帮助安全专家检测病毒、数据泄露或其他威胁。失陷指标的若干重要参数包括日志条目、文件哈希值、异常网络流出流量和可疑的文件变更。

攻击向量是指攻击者用来破坏网络安全的方法。常见的攻击向量包括未打补丁的软件、社会工程学、网络钓鱼、口令重用和错误配置。

上述信息对组织提高安全性和预测未来攻击而言必不可少。简而言之，这些信息将帮助组织保护资产，降低网络攻击造成的潜在损失。

4.3 金融科技领域的网络安全威胁类别

金融科技公司已成为网络安全威胁的头号目标。本节将介绍金融科技初创公司所面临的主要网络安全威胁。

- 恶意软件：专门用于恶意干扰、破坏或未授权访问计算机系统以窃取敏感信息的软件。恶意软件可分为广告软件、勒索软件、风险软件、恐吓软件、间谍软件、木马、病毒、蠕虫和零日漏洞等。不同形式的恶意软件可实现不同的功能，如窃取信息、加密受感染计算机的文件和目录、删除数据、变更注册表文件及非法监控用户信息。
- 广告软件：广告类恶意应用程序会在用户屏幕上或在用户访问 Web 服务时弹出恶意广告。此类软件会展示诱人广告，引诱用户点击，一

旦用户点击广告，开发者即可从该恶意应用程序中赚取收入。举例来说，常见的广告软件包括减肥计划、短期赚钱机会，以及屏幕上弹出的虚假病毒警告。广告软件的攻击方式不限于此，某些广告软件样本甚至会在安装软件或应用时下载到用户智能手机中。

- 勒索软件：旨在对计算机上的文件和目录进行加密，使用户无法访问。为了得到解密数据的密钥，用户必须按照攻击者的要求支付一笔可观的赎金，赎金通常以比特币支付。但是，我们在一些案件中发现，有些用户在支付赎金后仍无法拿回其数据，还有些用户称只拿回了部分文件。有时文件会凭空消失。谁也无法确定支付赎金到底是否可行。针对安卓系统的勒索软件不断升级，新变种也频频涌现。一些勒索软件样本伪装成热门的应用程序，设法逃避检测。

- 风险软件：对设备上的安全漏洞造成潜在风险的合法软件程序。攻击者会利用此类正版软件程序窃取用户信息，并将用户定向至恶意网站，因此这类软件也被称为危险软件，其所运行的功能可能会危及设备安全。各类风险软件会收集用户信息和电话信息，发送/接收短信，窃取网络信息，连接恶意网站，在设备上安装恶意内容，显示恶意广告，以及修改设备上的系统设置和文件。

- 恐吓软件：使用恐吓手段激起用户恐惧，诱骗用户下载或购买恶意应用程序。例如，说服用户安装一个谎称可保护设备的虚假应用程序。各类恐吓软件试图收集设备信息和 GPS 定位信息，并在设备上安装恶意代码。

- 间谍软件：属于恶意软件，一旦安装在设备上就会窃取敏感信息。间谍软件所收集的数据会被传输至广告商、外部机构或公司，这些数据被用于恶意活动。虽然安卓系统会向用户发出访问设备信息（如位置、摄像头和设置）的许可请求，但间谍软件的安装无须用户许可。各类间谍软件会收集个人信息，发送/接收短信，收集电话信息和设备位置，窃取网络信息（如设备连接的 Wi-Fi 信息），并访问和修改系统文件和设置。

- 木马：采用狡猾的手段伪装成合法程序来隐藏自己。木马可隐藏在计算机后台并窃取信息。作为规模最大的恶意软件类别，木马包括多种恶意软件，如银行家木马、木马释放器、短信木马和间谍木马。木马通常会删除、篡改、阻止和复制数据，破坏操作系统提供的服务。

- 病毒：通过修改其他程序和插入自身代码以实现自我复制的计算机程序。计算机病毒依赖宿主程序，并将病毒代码写进宿主程序。当宿主程序运行时，其中的恶意代码会首先被执行，从而感染计算机系统。
- 蠕虫：独立于宿主程序的计算机程序，通过自我复制传播来感染其他计算机系统。蠕虫会借助被感染的目标计算机感染网络中的其他设备。
- 零日漏洞：安全社区尚未公开知晓的漏洞。"零日"特指漏洞在公开之前被网络攻击的这段时间。一旦漏洞被公开，软件供应商会立即开发补丁修补漏洞。
- 数据泄露：用户在有意或无意情况下，将敏感或机密数据泄露给任何不受信任方。数据泄露也称为数据外泄、信息泄露或数据外溢。多数情况下，数据泄露以全球各大银行和信用卡为攻击对象。表 4.1 展示了过去几年中所曝出的重大金融科技数据泄露情况。
- 拒绝服务：对计算机系统、服务器或网络发起的定点攻击，目的是阻断合法用户使用相关服务。
- 分布式拒绝服务（DDoS，Distributed Denial of Service）：一种破坏性极大的定点攻击，涉及多个攻击者和多个受损系统。自分布式拒绝服务攻击出现以来，已在全球各大经济体掀起轩然大波。此类攻击会利用客户/服务器（C/S，Client/Server）架构，将多个计算机联合起来作为攻击平台，通过大量请求淹没目标计算机，使其无法向合法用户提供服务。拒绝服务攻击和分布式拒绝服务攻击之间的主要区别在于，前者是一个攻击者攻击一台计算机，而后者是多个攻击者攻击一台计算机。
- 加密（挖矿）劫持：在未经授权的情况下，使用别人的计算机来挖掘加密货币。攻击者通过引诱受害者点击钓鱼邮件中的恶意链接，将恶意代码自动加载到受害者的计算机上。
- 数字破坏：破坏公司或个人的数字资产造成损害或滋扰。虽然这类行为并不十分严重，但近年来，相关案件数量有所增加。数字破坏行为是物理破坏行为的现代演绎。黑客利用非法入侵技术，使个人或公司的数字资产的可用性遭到破坏。
- 网络诈骗和伪造：制作虚假数字文件并利用这些文件实施犯罪。网络罪犯所伪造的文件看起来与原始文件无法区分，将这些文件作为凭证，以骗过网络文件保护程序。
- 垃圾邮件：以商业广告为目的，向一个人或一群人发送无用的信息或电子邮件，内容包含报价、广告、手册和宣传图。网络钓鱼也会使用到垃圾邮件。

- 中间人攻击（MITM）：在此类攻击中，拦截者会监听发送方和接收方之间的通信，并试图修改双方传输的数据。
- 内部威胁：组织内部授权人员试图利用的网络安全问题。这种攻击造成的影响极为严重，因为内部授权人员是受组织信任的用户，若其违反行为准则，利用雇主的潜在资源，可能会给组织带来巨大的财务或声誉损失。
- 云端威胁：攻击者为控制用户存储在云端的数据而发起的攻击。
- 网络钓鱼：网络攻击形式之一，攻击者会向受害者发送电子邮件，让收件人点击附件中的恶意链接或将敏感数据填入表格。网络钓鱼可分为鱼叉式网络钓鱼、语音钓鱼和网络捕鲸。

表 4.1 列出了 2007 年至 2020 年针对金融机构发起的多起网络攻击实例。我们根据相应的金融损失估算了攻击的强度。必须指出的是，这些威胁实例均来源于公开报道，实际损失值会高于表中的数值，因为很多金融公司出于保住声誉和业务的想法，在遭受网络威胁后会选择避而不谈。

表 4.1 被曝出的针对金融机构发起的网络攻击实例（2007 年—2020 年）

攻 击 类 别	示　　　例	年　　份	国家和地区	强　　度
恶意软件	ATMDtrack	2019	印度	3
	GozNym	2019	保加利亚	3
			德国	
			格鲁吉亚	
			摩尔多瓦	
			乌克兰	
			美国	
	Metel	2015	俄罗斯	2
	NoPetya	2017	澳大利亚	2
			欧洲	
			乌克兰	
			美国	
	Ploutus	2013	康涅狄格州	3
			墨西哥	
			罗德岛	
			美国	
	Retefe	2019	德国	3
			瑞士	

续表

攻 击 类 别	示 例	年 份	国家和地区	强 度
恶意软件	Ursnif	2019	日本	3
	WannaCry	2017	中国	2
			俄罗斯	
	Zeus	2009	多国	2
	Cerberus	2020	西班牙	2
数据泄露	SQL Injection（SQL 注入）	2007	美国	4
	信用卡失窃	2020	印度尼西亚	3
			马来西亚	
			菲律宾	
			新加坡	
			泰国	
			越南	
	密码失窃	2014	美国	4
	盗窃	2010	日本	4
		2019	英国	4
			美国	
分布式拒绝服务	勒索软件	2007	爱沙尼亚	2
		2008	格鲁吉亚	2
		2009	韩国	2
			美国	
	Pinch 恶意软件	2013	中国	2
		2015	希腊	2
		2016	俄罗斯	2
		2020	澳大利亚	2
内部威胁	内部黑客	2008	英国	5
	欺诈	2016	美国	5
云端威胁	数据泄露/盗窃	2019	加拿大	5
			美国	
网络钓鱼	鱼叉式网络钓鱼	2015	美国	5
		2019	美国	5
		2020	美国	2

续表

攻击类别	示例	年份	国家和地区	强度
网络钓鱼	ThreadKit——漏洞利用工具包	2018	白俄罗斯	4
			保加利亚	
			捷克共和国	
			匈牙利	
			摩尔多瓦	
			波兰	
			罗马尼亚	
			斯洛伐克	
			乌克兰	

除了表 4.1 列出的攻击实例，近些年还发生过其他网络威胁事件，如劫持著名 Twitter 账户以索取比特币（美国）、丰业银行数据泄露（加拿大）、勒索软件攻击（美国）、分布式拒绝服务攻击（欧洲）、基于分布式拒绝服务攻击的勒索（澳大利亚）等。总而言之，全球各地的金融机构和银行都是网络攻击的目标。

4.4 网络安全威胁主体

网络安全威胁主体是对任何组织发起网络攻击的未授权个人或团体。虽然那些被指控的人员对每个组织而言都差不多，但针对金融机构发起攻击的网络安全威胁主体却各不相同。根据金融业所遭受的网络攻击历史，我们列出了下列较为突出的网络安全威胁主体：

- 恶意内部人员：被普遍认为是最危险的网络安全威胁主体之一，因为这些授权人员有权利和权限对银行等金融机构的重要私人和专有数据进行访问、读取、写入和传输。在多起案例中，恶意内部人员利用已知漏洞窃取敏感数据，泄露给商业对手，以获取经济利益或损坏雇主的商业声誉。此外，内部人员还向网络罪犯提供有关系统如何运作及关键数据保存于何处等信息。此类内部人员的严重危害在于其恶意行为可能在很长一段时间内不会被发现。根据 IBM 发布的《2020 年数据泄露成本报告》（IBM，2020），数据泄露事件（包括系统故障和人为错误造成的数据泄露）的平均成本为 671 万美元。此外，不同行业的网络事件平均成本达到 437 万美元。在 2008 年发生的汇丰银行内部欺诈案中（金融机构相关网络事件时间表，2021），该银行伦敦总部的一名职员借助从同事那里偷来的口令，以欺诈手段向曼彻斯特和摩洛哥的账户汇出了 9000 万欧元，最终被捕判处 9 年监禁。

- 黑客行动主义者：出于政治或宗教动机，发起滥用计算机系统或网络的攻击行为，这些行为被称为黑客行动主义。黑客行动主义者也简称为黑客。他们以团伙为单位开展行动，相互配合，对国家大型金融机构实施政治性网络攻击。黑客热衷于创新破坏安全的方法，并按照既定的程序发动攻击。在 2016 年发生的一起黑客事件中，匿名黑客团伙通过发动分布式拒绝服务攻击，造成了希腊银行网站，以及墨西哥、巴拿马、肯尼亚、波斯尼亚和黑塞哥维那等国家中央银行网站的瘫痪（金融机构相关网络事件时间表，2021）。"匿名者"是黑客团伙之一，其发起的"报复行动"（Fowler，2016）包括数百次分布式拒绝服务攻击，旨在破坏和阻止用户正常访问网络服务。

- 网络罪犯：利用技术在数字系统或网络上开展恶意活动，窃取敏感数据，赚取非法经济利益的技术专业人员或团伙。他们经常出入非法网站中的地下市场，交易非法商品和服务，如武器、违禁药品、成人内容和麻醉品等。网络罪犯会渗透计算机系统，搜寻有用信息，发起定点攻击。他们以多个系统或网络为攻击目标，一般不会遵循确定的步骤或程序来实施恶意攻击。例如在 2019 年，某个国际网络犯罪团伙利用 GozNym 恶意软件，从 4 万多名受害者身上（包括银行账户、律师事务所、小企业、跨国公司和非营利组织）偷窃了 1 亿美元（金融机构相关网络事件时间表，2021）。

- 第三方人员：某些金融公司会使用云服务来存储其客户数据。云服务包括私有云、公有云或混合云。根据公司从第三方购买的云服务类型，容易受到的威胁主要包括恶意内部人员、黑客行动主义者和网络罪犯等威胁主体发起的入侵攻击。2019 年，美国第一资本银行遭遇数据泄露，一名软件工程师入侵了云服务器，导致约 1 亿名客户的信用卡申请信息外泄。这些申请中包含姓名、地址、社保号码、出生日期、信用评级和联系方式等敏感客户数据。在此次攻击中，黑客利用某个防火墙的错误配置，入侵了在亚马逊云服务（AWS）上托管的个人信息数据库。

- 民族国家主体：通常拥有充足资金和先进技术，受某个政府赞助，长期从事黑客活动，通过战术和技术在目标系统上部署攻击载荷。他们能在数月或数年内，悄无声息地实施恶意行动。民族国家主体攻击者以往采取的行动包括分布式拒绝服务攻击，破坏性恶意软件，以及对关键基础设施的网络侦查。近期发生的一起民族国家主体攻击是2017年爆发的 NoPetya 勒索软件，席卷了澳大利亚、欧洲、乌克兰和美国。NoPetya 被认为是有史以来传播速度最快的恶意软件。此次攻击的导火索是俄乌冲突，俄罗斯军事黑客组织主要针对乌克兰部署了 NoPetya 勒索软件，但也影响了其他数个国家。

- 网络恐怖分子：以关闭关键基础设施（如能源、交通和政府运营设施）为目标而开展恶意活动。这些活动属于网络恐怖主义范畴，被认为是新型的网络战争。网络恐怖分子是基于政治动机的有组织犯罪分子，他们实施的在线恐怖活动覆盖了广泛的威胁领域，如恶意破坏、故意扰乱服务、发送网络钓鱼邮件和部署恶意软件等。网络恐怖分子通过大规模破坏政府系统、医院数据和国家安全设施，制造恐怖气氛。研究人员将 NoPetya 和 WannaCry 勒索软件列入了网络恐怖主义行为。
- 脚本小子：通常形容技术基础不扎实的入门黑客，他们被引诱加入网络犯罪活动，但缺乏自行编写代码的能力。因此，他们会在互联网上搜索并利用已有的代码工具。脚本小子为了获得兴奋体验感开展攻击活动，也会留下一些重要的线索痕迹。

表 4.2 比较了各类网络安全威胁主体的目标和动机，并给出了针对其活动的最佳防御策略。

表4.2 各类网络安全威胁主体的比较

网络安全威胁主体	目标	动机	最佳防御
恶意内部人员	当地雇主组织	心存不满、竞争	职责分离，分配最小资源特权
黑客行动主义者	政府、公司或个人	政治、社会、宗教和经济目的	了解战术、技术和实践
网络罪犯	公司	经济利益	良好的网络实践
第三方人员	公司	为获取经济利益或损坏雇主的商业声誉而泄露数据	良好的网络实践、入侵检测和防御工具
民族国家主体	任何计算机	为政治、经济或军事目的而发起网络攻击	补丁和漏洞管理
网络恐怖分子	政府、军事、关键基础设施	政治、宗教、经济和军事目的	漏洞管理和威胁狩猎
脚本小子	任何计算机	获得兴奋体验感	防御工具

4.5 网络安全威胁情报

网络安全威胁情报是一个专用术语，代表与网络安全威胁和网络安全威胁主体相关的信息。网络安全威胁情报的来源包括人力情报、技术、社交媒体和开源情报，甚至包括非法网站的信息。在解析这一概念前，我们先介绍一下网络安全威胁情报的基础信息。

网络安全专家使用不同类型的战术、运营和战略来收集有用情报信息，以减轻威胁、避免攻击。图 4.2 展示了 3 种类型的网络安全威胁情报。

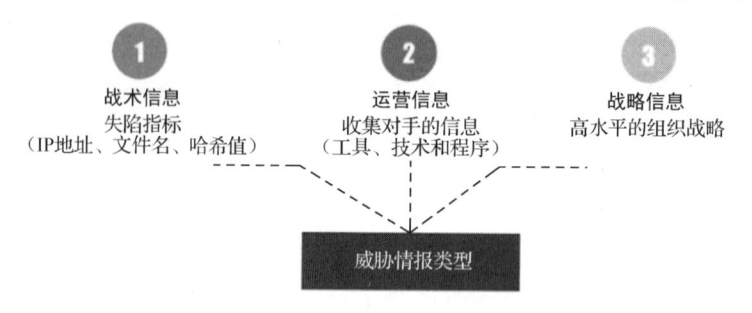

```
   ①                    ②                    ③
战术信息              运营信息              战略信息
失陷指标           收集对手的信息         高水平的组织战略
(IP地址、文件名、哈希值) (工具、技术和程序)
                    威胁情报类型
```

图 4.2 3 种类型的网络安全威胁情报

- 战术信息：包括借助技术和工具收集的技术信息。战术信息包括 IP 地址、文件名、哈希值等失陷指标。此类信息有助于识别网络安全威胁主体。
- 运营信息：主要收集对手情况的信息，如使用的工具、技术和程序等，这些信息也有助于明确网络攻击背后的动机。
- 战略信息：反映了网络安全威胁相关的风险，有助于制定高水平的组织战略。该战略不仅涵盖与组织相关的风险，还提出有关接受、规避、检测、预防或抵御风险的计划。

从各类威胁情报收集方法获得全方位信息后，网络安全专家帮助组织采取积极主动的网络安全态度，重新制定包含风险管理的组织策略。网络安全威胁情报的作用还包括：

- 优化风险管理：组织将风险管理纳入战略规划。网络安全威胁情报使组织了解并预测未来潜在的重大风险，并制定风险应对措施。
- 改进决策：预见风险将有助于组织在知情状态下做出更优决策，以便防御网络威胁和入侵。

- 积极的网络安全态度：基于威胁情报，组织能够对网络安全选择积极的态度，包括采用先进的网络安全威胁检测和防护工具。通过研究历史和当前数据，组织将为未来的网络攻击做好准备。
- 改进网络安全威胁检测：组织提前收集有用的威胁信息，在攻击者利用漏洞造成潜在损害前检测到威胁。
- 了解敌人：网络安全威胁情报中收集的操作信息将揭示攻击者发动网络攻击的动机。了解对手及其战争行动，可帮助防御者更新战略并保护关键资产。这同样适用于网络安全战争。

4.6 金融科技领域网络安全威胁建模的结构化方法

金融科技领域网络安全威胁建模遵循结构化方法来识别、归类和分析网络威胁，它可以分为主动威胁建模方法和反应式威胁建模方法，包含威胁计划设计、实施、审查等一系列活动。威胁计划的目标是减少威胁及减轻后果，即努力减少漏洞及漏洞对金融科技机构的影响。

主动网络安全威胁建模方法也称防御方法，以保护金融科技机构免受网络攻击为宗旨。该建模方法以预测威胁为基础，力求提前发出预警，确保资源安全。但是在现实情况下及时预测所有网络安全威胁是不可能的，这就导致此类主动方法实用性降低。因此，主动网络安全威胁建模方法无法有效保证金融科技机构免受各种网络威胁。

另一种方法是反应式网络安全威胁建模方法，即针对网络威胁采取适当的行动，抵御攻击。这种方法也称为对抗性方法，包括道德黑客和渗透测试技术。

以上两种方法的首要目标都是准确识别可能利用金融科技机构漏洞并导致巨额经济损失的潜在威胁。为实现这一目标，金融科技机构应将关注点放在资产、攻击者或软件上。金融科技机构如何选择合适的结构化方法完全取决于自身业务类型、规模及业务投资情况。

4.6.1 关注资产

该方法利用资产评估结果来识别有价值资产面临的威胁。例如，公司可以对某项具体资产进行评估，以确定其是否容易受到网络威胁。若该资产包含敏感信息或用户数据，则容易受到数据泄露的网络威胁。一旦数据丢失，还将导致数据可用性问题。同样，数据修改或篡改也会造成数据完整性问题。除此以外，未授权访问数据将导致机密性问题（Nweke 和 Wolthusen，2020）。

4.6.2 关注攻击者

某些金融科技机构将重点放在识别金融科技机构所用软件系统和应用程序漏洞发动网络攻击的攻击者上（Moeckel，2020）。例如，名为"OldGremlin"的网络犯罪团伙在 2020 年对一家俄罗斯银行发起了勒索软件攻击，该团伙借助鱼叉式钓鱼邮件入侵了该银行的网络，并加密了银行数据。随后，该团伙索要约 5 万美元的赎金，以换取解密密钥（金融机构相关网络事件时间表，2021）。

4.6.3 关注软件

金融科技机构借助软件、应用程序和移动应用程序，将传统金融行业转变为数字平台。他们通过网站、网络应用程序和软件开展金融交易，但这些软件和应用程序可能在设计、编码和实现上存在缺陷，而攻击者会发现并利用这些缺陷。因此，网络安全威胁建模方法可侧重于识别此类软件系统的漏洞，以便在攻击者利用这些漏洞发起攻击前进行修复（Potteiger 等人，2016）。

4.7 威胁建模

威胁建模是指对潜在威胁进行识别、分类和分析的过程。一旦一个产品完成部署，威胁建模可在反应性措施的设计和开发过程中作为一种主动措施来执行。在威胁建模过程中，人们将识别威胁所带来的潜在危害、威胁发生的概率，以及减轻危害影响的缓解措施。一旦确定威胁，应将其与漏洞清单进行比较，明确哪些威胁会利用哪些漏洞，并对金融机构构成风险。

图 4.3 展示了美国国土安全部采用的金融机构高级威胁建模框架，并列出了威胁建模的基本组成部分及各组成部分之间的关联（Fox 等人，2018）。该高级威胁建模框架基于美国国家标准与技术研究院制定的 NIST 800-30 修订版 1 框架（美国国家标准与技术研究院，2012），可识别威胁源、由威胁源

引起的威胁事件、威胁类型及其特征、威胁源相关的威胁场景、威胁后果、发生概率及其对金融机构的影响。

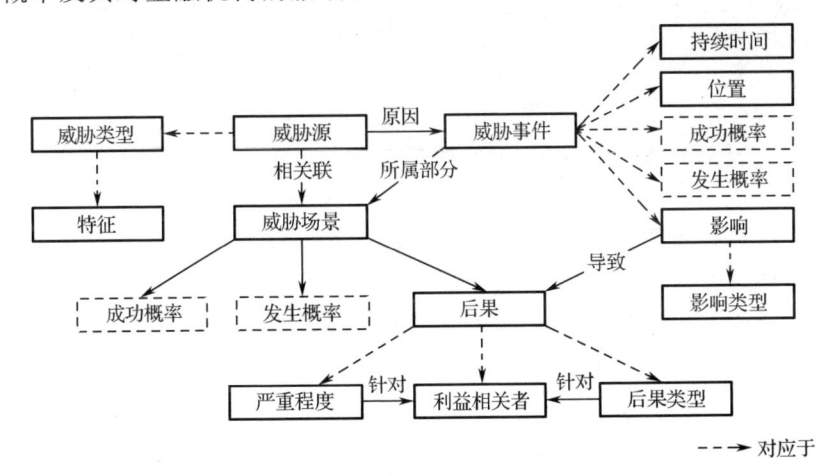

图 4.3 美国国土安全部采用的金融机构高级威胁建模框架的基本组成部分

该框架给出实体关系图，展示不同实体及其相互之间的关系。例如，一个威胁源对应一个威胁类型及触发的各种威胁事件。

威胁源：与某个威胁场景相关联。威胁后果最终对利益相关者产生负面影响。

威胁类型：威胁所属的分类，如金融科技领域的威胁类型包括网络钓鱼、拒绝服务、分布式拒绝服务、恶意软件和云上交易。每一种威胁类型都具有若干特点。

威胁场景：归纳为成功概率、发生概率和后果，每种后果均对应一种类型，同时被赋予某一严重性分值。威胁后果会对利益相关者造成影响。

威胁事件：对手为发动网络攻击而采取的逐步行动。威胁事件由威胁源引起，属于威胁场景的一部分。每一个威胁事件都具有某些重要特征，如威胁持续时间、位置、成功概率和发生概率，以及对金融机构的影响。高级威胁建模框架包含 66 个对抗性威胁事件（美国国家标准与技术研究院，2012）。其中，针对金融科技领域的突出威胁事件包括：

- 精心构造的网络钓鱼攻击：借助电子邮件、即时通讯工具或直接引导用户访问仿冒网站，来获取用户名、口令或社保号码。2020 年，研究人员发现了一种基于新冠疫情钓鱼信息的 IceID 银行木马新变种，该变种具有反检测能力，诱使客户点击钓鱼链接。
- 以控制内部系统和数据泄露为目标的定向恶意软件分发：攻击者在内

部网络中安装恶意软件，控制内部系统，窃取敏感信息。
- 利用智能手机中的已知漏洞：由于多数金融科技银行的应用程序都以智能手机为安装载体，因此智能手机很容易成为攻击者的目标。攻击者会利用智能手机的漏洞来收集与银行系统有关的其他信息，从而利用智能设备来控制这些系统。
- 发起拒绝服务／分布式拒绝服务攻击：攻击者试图暂时或无限期地限制目标用户对互联网服务的访问。2015 年，一名少年对北欧联合银行和瑞典银行发起了 4 次分布式拒绝服务攻击后被判社区服务，因其攻击使客户在数小时内无法访问该银行网站。
- 破坏关键数据造成完整性损失：攻击者访问、修改或删除某些关键数据，造成完整性损失。

高级威胁建模框架将重点放在识别对手特征上，从而具备分析对手情况的能力。一个对手的概况涵盖了攻击者动机、威胁源、攻击能力、可利用的机会、发动攻击的动机、攻击的时间段、攻击隐匿性和持久性、攻击对业务的影响（如图 4.4 所示），该框架突出了攻击者意图，即就特定威胁源触发威胁事件的概率。

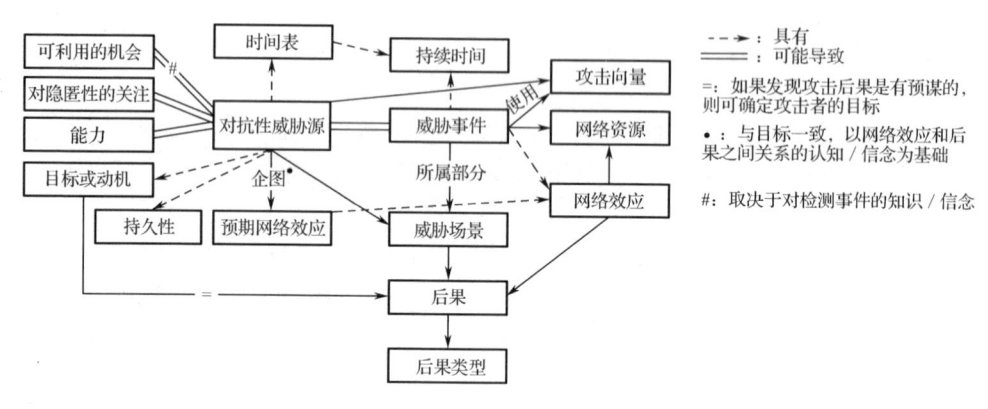

图 4.4 美国国土安全部的对手特征（Fox 等人，2018）

如果分析发现攻击结果是有预谋的，那么就可以确定攻击者的目标或动机。对手对目标网络了解越深入，攻击效果就越好。对手获取与攻击目标的相关信息将有助于实现攻击目标，逃避检测，并在攻击后清除痕迹和线索。在威胁事件中，攻击者会使用某些攻击向量和网络资源，来获得攻击目标的初始相关信息。威胁事件会引起本节前文所述的网络效应。

威胁场景下的潜在攻击向量包括：
- 运维环境。

- 外部网络连接,如互联网、智能手机应用程序和万维网服务。
- 内部网络,如内部网和局域网。
- 受信任的网络连接或合作伙伴的网络连接,如通过安全外壳协议(SSH,Secure Shell)。连接合作伙伴服务器,以及用于数据存储的第三方云服务。
- 非授权用户或授权用户的行为。
- 物理攻击向量,包括对网络场所设施实施物理破坏。
- 人员攻击向量,包括个人弱点、网络意识、缺乏网络教育。

威胁源:威胁源的特征涉及威胁源类型、描述及与之相关的风险因素。其中,威胁特征包括威胁源对金融机构造成影响的概率及程度。对抗性威胁源偏向隐匿性攻击,这类威胁源具有一定的动机和实现目标的能力。威胁源类型包括偶然性威胁源、对抗性威胁源、结构性威胁源和环境性威胁源。

- 偶然性威胁源包括授权人员因执行错误操作而导致的威胁。例如,授权人员不小心删除某个重要文件。
- 对抗性威胁源包括故意入侵组织的威胁主体。此类威胁源包括攻击者、黑客行动主义者、民族国家主体和脚本小子等。
- 结构性威胁源包括设备故障、资源耗尽和软件过期。
- 环境性威胁源包括自然灾害,如地震、飓风、海啸和龙卷风等。

金融机构中较为常见的是偶然性和对抗性威胁源,但也会遇到结构性威胁源。例如:财务管理应用软件的许可证过期,数据存储介质的使用寿命到期,等等。环境性威胁源在金融机构中极为罕见,因为机构会制订相关计划,在最不容易发生自然灾害的地理位置设立业务单位。一般而言,不会有组织愿意将自身业务点建立在易发生高强度地震的红色地震带上。

4.8 金融科技领域最佳网络安全威胁建模方法

目前,企业网络安全威胁建模有几种常用的方法。本节将简要介绍最常用的网络安全威胁模型,如 STRIDE 模型、Trike 模型和 VAST 模型。最后,本节还将介绍金融科技领域适用的最佳网络安全威胁模型——PASTA 模型。这些模型的概况如下。

4.8.1 STRIDE 模型

STRIDE 模型是由微软开发的一种用于评估应用程序和操作系统威胁的模型。该模型将威胁类别分为欺骗（S）、篡改（T）、否认（R）、信息泄露（I）、拒绝服务（D）和提升权限（E），其首字母组合起来即 STRIDE。尽管该模型专为应对程序威胁而设计，但同样适用于评估主机威胁和网络威胁。图 4.5 展示了 STRIDE 模型的概况。

破坏属性	威胁	威胁定义
身份验证	欺骗	使用虚假或伪造身份篡改
完整性	篡改	修改存储于磁盘内存或存储器上的日期
不可否认性	否认	否认从事的活动；无法追究责任
机密性	信息泄露	向未授权方提供信息
可用性	拒绝服务	耗尽资源，使正常用户无法访问
授权	提升权限	向未授权方赋予更高特权

图 4.5 STRIDE 模型

- 欺骗：此类攻击通过使用虚假或伪造身份（包括 IP 地址、MAC 地址、用户名、系统名称、无线网络、电子邮件地址和其他类型的逻辑身份）获取对目标计算机的访问权限。在欺骗攻击中，攻击者会绕开认证和授权，实施数据泄露、服务中断和拒绝服务等后续攻击。
- 篡改：任何擅自变更数据的行为都被称为篡改。篡改会破坏数据的完整性。
- 否认：否认是指攻击者否认进行过非法活动，且无法追究攻击者的责任。
- 信息泄露：是指向非授权方泄露信息，破坏信息的机密性。泄露的信息可包括任何类型的信息，如客户身份，财务信息或业务运营细节。
- 拒绝服务：此类攻击以中断服务为主要动机，通过耗尽资源，使正常用户无法访问。攻击者会通过发送大量请求、过载连接和利用网络缺陷等方式实施攻击。此类攻击更严重的形式是分布式拒绝服务。攻击主要破坏数据和服务的可用性。
- 提升权限：在此类攻击中，攻击者会将某个低级账户转换为可访问关键资源和数据的高级账户，导致数据或凭证失窃。

4.8.2 Trike 模型

Trike 是另一种以风险为中心方法的网络安全威胁模型,它提供了一种在可靠和可重复的程序中进行安全审计的方法。该威胁建模流程的独特之处在于从网络风险管理角度满足安全审计流程。这种以风险管理为中心的方法包含独特的实施和风险建模流程。首先,Trike 模型以"需求模型"为基础,确保为各资产分配的风险水平均是组织可接受的水平。然后,Trike 模型会创建数据流图(DFDs,Data Flow Diagrams),勾画出系统、组成部分和这些组成部分之间的数据流动。在创建数据流图后,该模型会展示系统中用户可执行的行动。然后实施模型会分析识别出所有威胁。每个威胁都会分配一个风险分数,用于创建一个攻击图。随后,对所有威胁进行优先排序,以明确哪些威胁需要优先缓解。最后,用户根据资产、角色、行动和威胁暴露开发一个风险模型。图 4.6 展示了 Trike 模型的概况。

创建数据流图 → 实施模型 → 分析模型 → 分配风险系数 → 创建攻击图 → 对威胁进行优先排序 → 制定风险模型

图 4.6 Trike 模型概况

4.8.3 VAST 模型

VAST(Visual, Agile, and Simple Threat)是指可视化、敏捷和简单威胁建模,是基于敏捷编程原则的威胁模型。VAST 模型的目标是在可扩展的基础上将威胁和风险管理纳入敏捷编程环境。该模型主要关注企业级风险,是在总结了其他威胁建模技术的缺点和所面临挑战后被构思出来的。原则上,该模型认为威胁建模技术必须在企业层面上进行扩展,并将敏捷编程融入其中。该模型旨在为开发人员、安全团队和高管生成可操作的、准确的和一致的建模结果。VAST 模型与其他模型的根本区别在于其使用方法。VAST 包含两种类型的模型:应用程序威胁模型和操作威胁模型,前者面向开发人员设计,能够通过创建过程流程图(PFDs,Process Flow Diagrams)来表示过程之间的特征和通信。后者面向基础架构团队设计,类似传统数据流图,从攻击者的角度描绘流程。图 4.7 展示了 VAST 模型的概况。

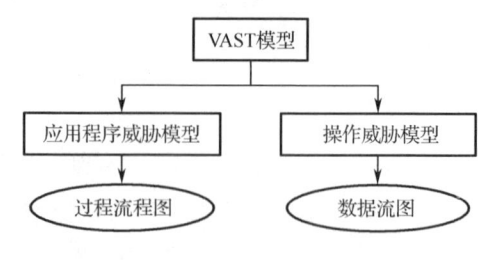

图 4.7 VAST 模型概况

4.8.4 PASTA 模型

PASTA（Process for Attack Simulation and Threat Analysis）代表攻击模拟和威胁分析过程，是以风险为中心的七步骤威胁模型。该模型的每个步骤都专注于特定目标。图 4.8 展示了 PASTA 模型七步骤。

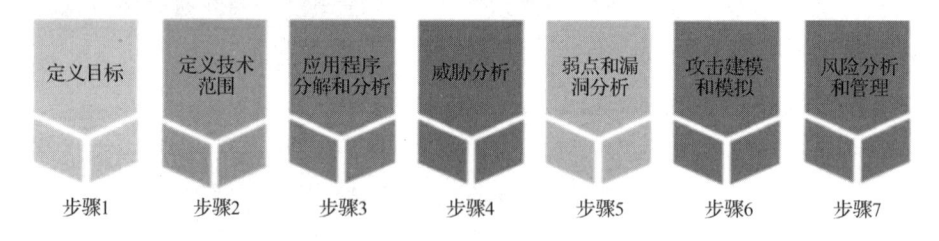

图 4.8 PASTA 模型七步骤

每个步骤都会执行多项活动。

步骤 1：定义目标。
- 明确业务目标。
- 识别安全和合规要求。
- 业务影响分析。

步骤 2：定义技术范围。
- 捕捉技术环境边界。
- 捕捉基础架构、应用程序、软件依赖关系。

步骤 3：应用程序分解和分析。
- 识别用例，定义应用程序入口点和信任级别。
- 识别主体、资产、服务、角色、数据源。
- 数据流图、信任边界。

步骤 4：威胁分析。
- 概率性攻击场景分析。

- 安全事件的回归分析。
- 威胁情报的关联和分析。

步骤5：弱点和漏洞分析。

- 对现有漏洞报告的查询和问题跟踪。
- 使用威胁树对威胁与现有漏洞予以映射。
- 通过使用和滥用案例进行设计缺陷分析。
- 评分（CVSS/CWSS）、枚举（CWE/CVE）。

步骤6：攻击建模和模拟。

- 攻击面分析。
- 攻击树开发、攻击库管理。
- 使用攻击树进行漏洞攻击和漏洞利用分析。

步骤7：风险分析和管理。

- 业务影响的定性和定量分析。
- 对策确定和残余风险分析。
- 明确风险管理策略。

由于该模型揭示了威胁建模的所有必要方面，包括威胁分析、漏洞分析、攻击建模和风险管理等，因此它是金融科技行业的最佳模型。

4.9 本章小结

本章分析了金融科技行业的网络安全威胁，揭示了网络安全威胁令人畏惧的原因。提前了解对手及其动机、工具、技术和行动至关重要，只有这样才能制定防御策略。本章不仅对金融科技相关的网络安全威胁主体及潜在网络安全威胁进行了归类，还在结尾介绍了网络安全威胁情报和网络安全威胁建模。借助网络安全威胁情报，金融科技公司可以收集必要的信息，以了解失陷指标及网络攻击背后的动机，通过制定明智的决策，将风险管理作为重要组成部分之一。

网络安全威胁会影响金融科技生态系统的几乎所有组成部分，可能对金融科技生态系统中使用技术的各类金融机构、金融科技公司和金融客户构成潜在风险。技术开发人员也应密切关注网络安全威胁，因为他们必须意识到在所开发的技术中可能存在被潜在威胁利用的漏洞和缺陷。总而言之，本章解答了下述问题：

- 哪些网络安全威胁会给金融科技行业带来挑战？
- 为什么有必要了解对手及其动机？
- 有哪些不同的网络安全威胁类别，以及这类网络安全威胁在现实案例中造成了多大影响？
- 有哪几种类型的网络安全威胁主体，其特征分别是什么？
- 什么是网络安全威胁情报，用于收集对手信息的方法有哪几种？
- 如何对网络安全威胁进行建模？
- 目前有哪些网络安全威胁模型可用于减轻网络安全威胁？

参考资料

第 5 章　金融科技领域的网络安全漏洞

金融科技围绕云计算、区块链、人工智能和移动设备等技术，实现金融交易支付、加密货币、资金转账、交易和监管合规等目的。这些技术与大量货币关联，经常引来各类网络罪犯，他们利用这些技术中存在的漏洞，进行安全破坏。

漏洞被定义为可被威胁主体用于发动网络攻击的一种弱点。换言之，漏洞是指在金融科技各方面，尤其是信息技术环境中存在的缺陷、缺口、错误、限制、疏忽或易受攻击之处。如果一个漏洞可以被利用，将会造成资产的严重损失。

在金融科技生态系统中，由于初创公司非常抢眼，而且这些公司对强大的网络安全解决方案不够重视，很容易成为"独狼式"网络罪犯和黑客的攻击目标。每个金融科技细分行业都包括 3 个基本要素：技术、人员和交易。我们可用下面一句话来描述所有这些要素。

金融科技公司通过技术赋能，使人们以更快速、更高效的方式开展货币交易，所有这些要素都易受威胁，进而形成不同类别的漏洞。本章首先介绍金融科技领域的若干常见网络安全漏洞，然后在以往攻击案例的基础上，介绍与技术、人员和交易有关的特殊漏洞。

5.1　金融科技领域的常见网络安全漏洞

近年来，得益于技术的不断发展，金融科技行业迎来巨大变革。不可否认的是这些创新技术也引发了诸多漏洞危机，只要攻击者稍加利用，即可攻破安全防线。下面总结了金融科技领域所使用的技术、平台、框架和相关解决方案中存在的若干常见漏洞。

- URL 重定向：这类漏洞比较简单，是指威胁主体将某一合法 URL（统一资源定位器）重定向或转发，使其在一个或多个 URL 地址下可访问。该操作也被称为 URL 请求转发。当 Web 浏览器试图打开某个重定向的网页时，就会打开另一个具有不同 URL 的网页。这是一种万维网技术，原本旨在防止网页删除时出现链接失效的情况。但是，攻击者滥用了这项技术，将合法网页重定向到实施网络钓鱼攻击和恶意软件分发的恶意网站上。
- 精心设计的 URL 重定向：URL 重定向的变种，其中的 URL 经过专门设计，用于误导用户，并将他们引到某一实施非法活动的恶意网页。
- 远程代码执行：通过自动化脚本远程执行代码。远程攻击者利用这类漏洞来获取对系统的管理员权限。一旦攻击者取得系统的管理员权限，就会尽力隐藏其在该系统中的身份和存在，规避安全检测，并利用该系统的权限对其他主机展开远程攻击。
- Microsoft Exchange 内存损坏：一种存在于 Microsoft Exchange 软件的远程代码执行漏洞。当软件无法正确处理内存中的对象时，就会触发该漏洞。利用该漏洞，攻击者可在内存中运行任意代码，执行诸如安装程序、修改文件和目录权限或创建新账户等操作。
- 信息暴露（Information Disclosure）：一种敏感信息被有意或无意地透露给未授权人员的安全漏洞。某些组织也将信息泄露（Information Leakage）称为信息暴露。但是，常见缺陷枚举（CWE, Common Weakness Enumeration）数据库不建议使用信息泄露这一术语，因为该术语专指某几个方面的泄露，如因越界写入导致的内存泄露。
- DLL 劫持：Windows 操作系统中的一种漏洞，允许攻击者执行异常代码来利用存在漏洞的动态链接库（DLL, Dynamic Link Library）。DLL 是实现共享库概念的一种方式，DLL 文件可能包含代码、数据或资源，如可移植的可执行文件格式。此类漏洞允许攻击者加载并执行某个恶意 DLL 文件，该 DLL 文件与相关应用程序打开的数据文件处在同一目录下。DLL 劫持最早出现于 2000 年，但至今仍困扰着 Windows 系统。该攻击通常以非安全位置（如"下载"或"临时目录"）下运行的程序或应用程序为目标。
- 勒索软件：一种恶意软件。攻击者会利用勒索软件对目标计算机上的文件和目录进行加密来中断授权访问，然后索要换取解密密钥的巨额赎金。包括 WannaCry 和 CryptoWall 在内的多起著名勒索软件攻击事件均对全球多个国家和地区的企业造成了严重破坏和负面影响。
- 命令注入：利用存在漏洞的应用程序，在主机操作系统上执行任意命令。当用户向系统外壳（System Shell）传递不安全数据时，就可能引发命令注入。此类不安全数据可能包括表格、Cookie 和 HTTP 请求头等。简单来说，攻击者提供的操作系统命令通常会以易受攻击的应用程序的权限执行，这些应用程序都存在输入验证漏洞并被利用进行命令注入攻击。
- 越界写入：当应用程序在所分配的预期缓存的边界之外（即起始地址之前或结束地址之后）写入数据时，就会出现此类漏洞。我们可以通过检查输入边界或验证输入来修复此类漏洞。
- 跨站脚本（XSS）：一种将恶意代码注入良性网页的注入漏洞。当攻击者使用 Web 应用程序将恶意代码（通常以脚本形式）发送至不同的终端用户时，就会触发跨站脚本攻击。由于这些脚本看似来自受信网站，终端用户往往会毫不迟疑地执行脚本，而此类恶意脚本可访问任何 Cookie、会话令牌或会话期间网络浏览器保留的其他敏感数据。
- Microsoft SharePoint 跨站脚本：当 Microsoft SharePoint 服务器未能正确过滤精心设计的 Web 请求时，就会产生此类漏洞。攻击者利用该漏洞，还可以对其他系统发起跨站脚本攻击。在此情况下，攻击者将有权访问未授权内容。
- 提升权限：普通用户在任何情况下均无管理员权限，但攻击者利用漏洞攻击成功后的下一步就是提升权限，以取得管理员权限，从而执行某些授权活动达到非法目的。一旦攻击者获得了管理员权限或根用户权限，其活动将造成严重损害，甚至破坏操作系统内核。
- 暴力破解：在暴力破解攻击时，攻击者尝试组合几个口令或口令短语来猜出正确的口令。攻击者通过穷举密钥搜索，找出正确口令，从而通过系统认证。简单来说，攻击者会尝试每一个口令组合，以破解出正确口令。口令破解所需的时间和算力随口令长度呈指数级增长。
- 执行恶意文件：恶意文件可能导致缓冲区溢出，使攻击者可以将恶意代码注入合法代码中，连同合法代码一起执行。
- 远程劫持：利用 Windows 操作系统中远程桌面协议（RDP）服务的合法功能提升权限。在此类漏洞中，攻击者会试图恢复先前断开的远程会话，这就可以在不窃取任何认证凭证的情况下获得被提升的权限。
- DNS 放大：一种分布式拒绝服务（DDoS）攻击。攻击者会利用开放 DNS 解析器的功能，以大量 DNS 流量耗尽目标服务器资源。这种放大的流量使得 DNS 服务器将无法响应合法的 DNS 客户端请求。攻击者在发起 DNS 放大攻击时，会利用"肉机"生成大量欺骗性的 DNS 请求。
- 目录遍历：一种 Web 安全漏洞。攻击者可利用该漏洞读取服务器上的任意文件。在某些情况下，攻击者甚至具备写文件的能力。
- 任意文件覆盖：又称 Zip-Slip 漏洞，攻击者可利用此类漏洞替换现有文件或创建新文件。通过修改服务器上的任意文件，攻击者可成功改变运行这些文件的应用程序的行为，破坏服务器本身。
- 洗钱：大多数金融机构极易受到洗钱活动的影响。洗钱是指利用各种处理方法使非法所得赃款在形式和来源上合法化的行为。换句话说，洗钱的目的是隐藏资金的非法来源。
- OTP 电话验证绕过：在金融交易过程中会产生用于认证的一次性密码（OTP，One-Time Password），但该漏洞可以绕过 OTP 的认证过程。

5.2 金融科技领域的特殊网络安全漏洞

在了解金融科技领域的常见网络安全漏洞后，我们将在下文进一步探索金融科技领域的特殊网络安全漏洞。如图 5.1 所示，特殊网络安全漏洞可分为 3 类。

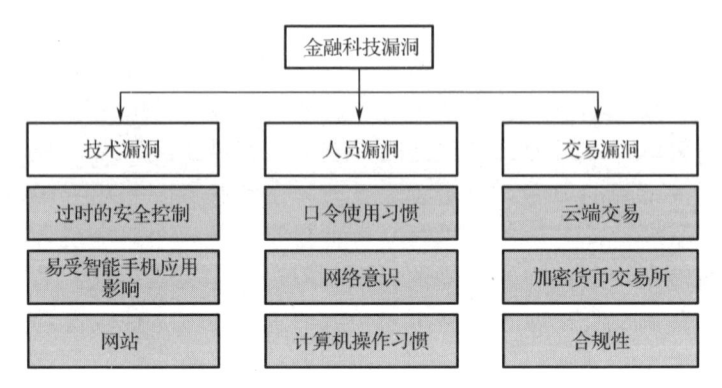

图 5.1 金融科技领域的特殊网络安全漏洞

以下各小节将逐一介绍这些漏洞。

5.2.1 技术漏洞

技术漏洞是指金融机构所采用的技术中的特殊漏洞。这些特殊漏洞大多出现于初创公司，因为它们没有足够经费预算来投资强大的网络安全解决方案。初创公司想要在传统金融巨头的高压下树立自身地位，就必须使用创新的网站和移动应用程序来吸引客户，但往往忽视了对技术的安全保护。下面列举了金融初创公司中出现的若干常见的技术漏洞。

过时的安全控制

- 过时的杀毒软件版本：初创公司常犯的错误之一是未及时更新用于监测恶意应用程序的杀毒软件。过时的杀毒软件并非聊胜于无，它给公司带来的虚假安全感会让公司轻视风险的存在。
- 未打补丁的操作系统和应用程序：伺机而动的攻击者会利用未打补丁的操作系统和应用程序暴露的漏洞。基于未打补丁软件暴露的漏洞而发起的安全破坏行为，会降低企业生产力，破坏经济稳定性，使企业家损失惨重。
- 安装来路不明的应用程序和软件：如果安装来路不明的软件，且没有匹配的哈希值，就等同于向恶意软件发出入侵和破坏邀请。从恶意网站下载的应用程序可能会隐匿着某些恶意软件样本。当用户在主机上执行其所下载的应用程序时，就会触发这些恶意软件样本。
- 薄弱的终端安全设备：防火墙和入侵检测和防御系统等终端安全设备旨在过滤恶意流量，防止其入侵网络，下一代防火墙甚至可抵御零日攻击。但是脆弱的安全策略和不正确的过滤规则会大大降低终端安全设备的性能和作用。

易受智能手机应用影响

- 注入恶意软件以窃取登录凭证和其他重要数据：使用智能手机办理网上银行业务和支付是金融科技领域的一项基本服务。这些智能手机应用程序革新了金融科技行业，促成了数字钱包的诞生和发展。由于这些应用程序中存储着重要的用户数据，如银行账号、信贷额度、用户联系人、社保号码和其他个人详细资料，极易受到某些恶意软件的攻击。攻击者会在移动应用程序中注入恶意代码，窃取登录凭证，并利用这些凭证从事金融诈骗，尤其是信用卡诈骗。此外，攻击者会滥用或向网络罪犯在线出售其窃取的个人数据，以供网络罪犯在非法网站进行交易。
- 与服务器的不安全连接：诺顿网络安全报告显示，2017年共有20个国家的9.78亿人曾遭受网络攻击（《诺顿网络安全洞察力报告：全球结果》，赛门铁克，2017）。在网络攻击受害者中，38%的受害者遭受了因服务器上的数据存储不安全而导致的信用卡诈骗。上述报告还显示，全球网络犯罪活动共造成 1 720 亿美元的损失。如果金融服务器以不安全的方式传输和存储数据，则后果将是灾难性的，因为此类交易均涉及用户的敏感个人数据。

- 设备 OTP 验证绕过：大多数数字平台支持两步验证，这意味着用户不仅需要输入登录凭证，还需要输入客户注册手机号所接收到的一次性口令（OTP）。在这种情况下，即便攻击者成功窃取了登录凭证，也需要想办法窃取 OTP 才能成功登录系统。但是如果金融机构未采用两步验证，则网络罪犯只要窃取到登录凭证即可达到犯罪目的。

网站

根据 ImmuniWeb 的调查发现，在开放式 Web 应用安全项目（OWASP）榜单中，最严峻的威胁包括跨站脚本（XSS, Cross-Site Scripting）（威胁程度为 A7）、敏感数据暴露（威胁程度为 A3）、安全配置错误（威胁程度为 A6）（研究称金融科技初创公司易受网络或移动应用攻击，2019）。其他网站漏洞包括：

- URL 重定向至恶意网页：攻击者利用网络钓鱼攻击和广告软件，诱使用户点击恶意链接。广告软件会展示与用户搜索内容相关的经济利益和礼品来引诱用户，一旦用户点击屏幕上提示的恶意链接，就会被重定向至某个包含不良内容的恶意网页。在一些案例中，在用户点击恶意链接后，会跳转至会话 Cookie 中储存的银行账户网页，然后自动从其银行账户中窃取一笔可观的资金。
- 误植域名：沿用了 URL 劫持的基本思路。网络罪犯的主要攻击目标是输入网址时犯下拼写错误的用户。曾经发生过一起大胆的抢注案例，一位名叫 Mike Rowe 的加拿大年轻人注册了与微软公司官网域名类似的网站，用于推广自己的设计业务。后来微软公司说服了他，最终以该域名跳转至微软公司官网收场。

5.2.2 人员漏洞

人员漏洞指的是用户所犯的普遍错误，这类错误可能源于人为失误或人性弱点（具体视情况而定）。人员漏洞比技术漏洞更危险。试想某位客户想借助 E-Transfer 电子转账服务进行转账，在移动银行应用程序受到保护且资金可安全划转的情况下，如果操作员在输入收款人账户信息时出现人为失误，则可能导致资金转入错误账户。在对金融科技领域发起的实时网络攻击中，最常见的人员漏洞如下。

口令使用习惯

- 自动保存登录凭证：某些用户会让系统保存其登录凭证，避免遗忘密码。在此情况下，网络浏览器会存储会话 Cookie 和用于登录系统的用户名和口令。一旦攻击者劫持会话，即可轻易窃取登录信息。人们还有另外一个常见的习惯，就是把口令写在纸上以防忘记，恶意的内部人员可通过社会工程学或肩窥，来窃取纸上的口令。
- 多账户使用同一口令：人们习惯于在多个用户账户中使用同一口令。如果某一账户的口令哈希值被网络罪犯所窃取，则使用同一口令的其他账户也将面临同样的风险。
- 口令变更频率：为方便记忆，用户通常不愿意变更口令。基于这一情况，一些机构制定了相关政策，强制要求用户必须定期（如每 90 天，每 3 个月）更改一次口令。
- 口令强度和长度：某些用户会选择简短的口令，这种做法大大降低了口令的安全性和破解复杂性。越短的口令意味着越短的破解耗时和越小的破解算力。
- 与朋友或同事分享口令：与朋友和家人分享口令所带来的漏洞等同于在多个账户中使用同一口令。
- 将含有敏感信息的文件扔进垃圾桶：金融机构普遍要求在将文件扔进垃圾桶之前必须先将其撕毁。但是攻击者可能会使用社会工程学，从垃圾中截取敏感信息，并加以滥用。

网络意识

- 点击可疑的电子邮件并在可疑表格中填写个人身份信息：很多用户会将出生日期、社保号码等个人身份信息填写到无关表格中，如购物券领取表格等。此外，员工在公司电子邮箱中查阅外部邮件时，也需格外小心，因为一旦点击钓鱼邮件所包含的可疑链接，就会进入恶意网页。
- 点击与免费优惠相关的恶意链接：广告软件通常以免费礼品、代金券和旅行优惠券的形式来引诱用户。这些虚假优惠的目的是让用户点击虚假广告，从而跳转至恶意网站。
- 缺乏网络安全教育：很多人不知道如何应对网络钓鱼和社会工程学等隐蔽性网络攻击。人们对朋友、同事和家人的信任，也是尾随、肩窥等社会工程学攻击能够在现实生活中成功的原因。普通人缺乏网络安全教育和培训，无法辨别哪些情形存在漏洞，也不知道如何应对此类情形才能免受攻击。

计算机操作习惯

- 计算机不锁屏或工作站不上锁：员工暂时离开办公室时不锁定计算机。更糟糕的是，很多员工即使长期不使用计算机，也没有使用自动锁屏功能来锁定显示器。这会引来恶意人员的社会工程学攻击。
- 对恶意的内部人员给予信任：对任何组织而言，如果内部人员因对政策和工作环境不满或其他原因开展恶意行为，会造成严重的威胁。只要他们蓄意破坏，无论采取何种方式，必将对组织造成损害。如果对此类内部人员给予信任并分配相关责任，那么他们就有了窃取敏感数据或凭证并与组织外其他威胁主体分享数据或凭证的突破口。
- 使用个人设备办公（BYOD）：一些组织采用 BYOD 政策，这意味着员工可使用个人笔记本电脑和智能设备进行办公。不同设备易遭受不同类型的网络攻击，此类政策会增加组织的网络风险。
- 计算机知识：随着金融科技行业的转型，日常运营相关的手动系统已被现代技术和软件成功取代。但是仍有一部分员工偏爱传统工作习惯，而不愿意接受新技术培训。此类员工对机构而言就是一种严重威胁所在，因为他们无法熟练使用计算机来防止隐私泄露。

5.2.3 交易漏洞

如今，大多数金融交易通过云端服务器完成。随着业务量不断增长，金融科技行业正在寻求几家商业巨头提供的知名云计算服务。通过这些服务，初创公司和中等规模的金融公司可使用第三方平台、软件和基础设施，并按使用情况付费。这样做的好处是，金融公司省去了自行采购这些服务并为运行和管理服务而培训或雇用技术人员所需的开支。但是，云端交易也容易遭受多项威胁，具体如下所述。

云端交易

- 云端安全性不足：云计算客户使用一系列应用编程接口（API，Application Programming Interface）与云服务交互，但这些 API 与操作系统和软件库一样，也存在相同的软件漏洞。一旦攻击者发现这些漏洞，就会利用其发起网络攻击，从而破坏云端数据的安全性。因此，与云服务器之间发送或接收的每一份数据都可能被泄露。
- 以明文形式存储敏感数据：某些情况下，云服务提供商会以明文形式存储云端数据。一旦云安全遭到破坏，以明文形式存储的敏感数据就会被窃取。

加密货币交易所

- 易受网络钓鱼攻击：加密货币交易所很容易受到网络钓鱼攻击。举例来讲，比特币交易所 Bitstamp 在 2015 年因持续数周的网络钓鱼攻击导致价值 500 万美元的数字货币失窃。网络罪犯说服了一位 Bitstamp 员工下载某个包含 VBA 脚本的文件。当该恶意文件被打开时，设备就会中毒。
- 匿名客户交易：加密货币交易中所用的签名可能在交易发布前被操纵。Mt.Gox 黑客事件是加密货币史上最大的黑客事件之一，黑客在初始交易发布前就变更了代码，导致 4.73 亿美元损失，被入侵的 Mt.Gox 随之破产。
- 加密货币平台的软件缺陷：加密货币平台也像其他操作系统和应用编程接口一样包含软件缺陷，极易遭受某些网络威胁的攻击。

合规性

- 不遵守组织政策：每个金融机构都有自己的加密—合规政策，并设立相关规则和准则，以防止洗钱、金融恐怖主义和恶意加密货币兑换等金融科技犯罪行为。不遵守组织相关政策将产生破坏性结果。

5.3 评估金融科技领域的网络安全漏洞

漏洞评估的目的在于寻找系统、网络和过程中存在的漏洞，这有助于了解网络解决方案的表现，为未来战略提供指导，维持合规性，防范网络威胁，并提出补救措施（Sheshadri, 2019）。在评估上述 3 种类型的金融科技漏洞时，可使用下述策略（Wu, 2019）：
- 识别资产：这是关键步骤之一。大多数组织都致力于识别那些暴露于网络风险之下的关键资产。为识别资产而编制的库存清单，应包含资产及其位置和可用性的全部有关信息。
- 协调业务与信息技术战略：每一个网络安全漏洞都源于金融科技机构

的长期目标。业务部门和信息技术部门之间应进行沟通，以推进业务运营。这是打造有效安全机制的基础步骤之一。
- 识别内在风险：内在风险是指与商业或金融科技行业有关的风险。例如，开展金融科技业务的地理位置可能易遭受地震等自然灾害。在评估安全漏洞时，也应将此类风险计算在内。
- 监测风险容忍度水平：每个金融科技公司都有默认的风险容忍度。根据风险偏好或容忍度，公司可选择规避、接受、缓解或转移风险。
- 建立持续监测计划：攻击者始终在不断创新攻击技巧和利用威胁的方法。公司应建立持续监测计划，以便监测最常见的威胁向量，尤其是对金融科技行业影响最大的零日软件和勒索软件。

虽然飞速增长的网络安全漏洞给银行和金融机构带来越来越多的运营风险，但是许多金融科技机构已采用了网络安全漏洞评估计划来进行应对，该计划包含以下关键步骤（Uddin 等人，2020）：

（1）规划：该计划的第一步就是确定所有需评估的系统和网络，如包含敏感客户信息的系统（Goldman，2019）。

（2）扫描：在列出系统和网络清单后，可以使用人工或自动工具进行漏洞扫描。市面上已有多种热门的漏洞评估工具，有些开放源代码，有些属于商用性质。借助这些工具，公司将全面了解每个被扫描系统所发现的漏洞类型。

（3）分析：对这些漏洞进行分析，以确定其对系统的影响程度、危险等级及建议的缓解措施。每个漏洞将被关联到一个严重等级，公司可按照该等级的优先级，来缓解已识别的漏洞。

（4）补救：最后一步是采取补救措施来修复漏洞。例如，通过更新漏洞相关的应用程序或软件来修复漏洞。

（5）重复：漏洞评估是一个持续流程，它会反复检测系统和网络中的任何网络安全漏洞。

5.4 金融科技领域网络安全漏洞的常规缓解策略

基于 5.3 节所讨论的漏洞类型，各金融科技机构会基于预算、市场价值、基础设施成本和声誉影响等因素，设计相应策略，实施基本规定，避免或修复已识别的漏洞。下面简要列出若干为机构财务工作提供基本安全保障的必要策略。为便于理解，这些策略分别对应前文讨论的网络安全漏洞类型。

技术漏洞

- 软件故障成本：当今金融科技业务的开展依赖于云服务器。金融科技公司利用第三方云服务存储敏感数据。软件即服务（SaaS, Software as a Service）故障将使这些数据无法使用，并给企业带来巨额损失。
- 影响与安全控制之间的依赖关系：安全控制可保护数据的机密性、完整性和可用性。安全控制与技术故障造成的影响之间存在依赖关系。因此，影响与安全控制之间的关联应纳入技术相关政策的考量范围。

人员漏洞

- 口令复杂度：应制定口令复杂度规则，即口令应由小写字母、大写字母、数字和特殊字符组合而成。
- 最短口令长度：确保设置的口令达到最小长度要求。例如，Windows 10 允许设置 1~14 个字符的口令。
- 口令最短和最长使用期限：决定了口令必须更换的最短和最长天数。对于 Windows 10 来说，密码的最短使用期限可设置为 0 天，最长使用期限为 998 天。因此用户可选择两者之间任一时长来重置口令。
- 登录时间和频率：大多数网站对于登录都有最大尝试次数限制。如果用户在限制次数内未输入正确凭证，其账户将被暂时锁定，以确保安全。
- 可移动设备的使用：使用个人可移动设备可能导致办公室计算机和工作站被注入恶意软件。因此，公司通常会禁止员工在办公室设备中使用 U 盘等可移动存储介质。
- 下载频率和文件大小：某些组织规定了可下载的最大文件的大小，员工不得从互联网上下载大型文件。换言之，该措施旨在确保员工因为工作目的使用互联网。某些管理员甚至还会限制下载的频率。
- 点击电子邮件中的超链接：所有员工都必须接受网络安全教育，了解网络钓鱼攻击和点击外来电子邮件中链接的危险性。员工需谨慎点击外部电子邮件，且必须明白不应点击诱导性电子邮件中的任何超链接。
- 打开电子邮件附件：攻击者可能会伪造电子邮件（如伪造成组织内部高级管理者发送的电子邮件），通过附件传播恶意软件。如果这些附件被下载，就会使设备中毒而执行恶意软件，秘密进行金融交易，给公司造成巨额经济损失。
- 文件访问日志：某些组织会核查文件访问日志，以了解敏感文件的访问者、访问时间和访问持续时间。文件访问日志用于时刻记录与机密文件访问有关的所有信息。

- Web 服务器访问日志：与文件访问日志一样，维护服务器访问日志可用于记录服务器的访问者、访问时间、访问持续时间及访问期间进行的活动。
- 使用的应用程序：某些组织列出了办公时间内可使用的应用程序清单，以确保其员工只使用这些应用程序进行办公。
- 访问的网站：系统管理员应密切关注员工浏览网站／URL 的情况，以识别组织内部员工可能进行的任何恶意活动。该策略还可以确保员工不会通过代理服务访问黑名单上的网站。

交易漏洞

- 交易历史：一个全面的安全策略应记录交易历史，以监测金融交易的执行者和执行时间。
- 基础设施故障成本：与软件即服务（SaaS，Software as a Service）故障一样，基础设施即服务（IaaS，Infrastructure as a Service）故障也会影响财务状况。安全交易策略应包含对基础设施（包括内部基础设施和第三方基础设施）故障成本的评估。
- 非功能性云服务器的成本：非功能性云服务器的成本包括 SaaS、IaaS 和平台即服务（PaaS，Platform as a Service）。
- 常见漏洞之间的依赖关系：在制定金融科技领域安全交易策略时，需要考虑常见漏洞（如关键软件中的漏洞）之间的依赖关系。

一般准则

- 计算机知识：教育用户了解常见网络威胁，特别是网络钓鱼、窃听和社会工程学等方面的知识。
- 社交媒体互动：用户必须意识到社交媒体互动的危险性，包括在个人账户上发布职业或工作相关信息，以及接受陌生人或熟人发送的好友请求。
- 物理安全：组织必须利用围栏、照明、火灾报警器、保安和升降柱等，确保周边环境的物理安全。
- 背景调查：在招聘新员工时，重要的工作之一是开展背景调查，主要调查候选人的教育背景、犯罪背景和就业经历等。
- 管理职责：必须根据员工的能力来分配责任。有些职责需由两位以上的员工进行双重控制。此外，必须通过可接受使用策略（AUP，Acceptable Use Policy）向员工授予有限的资源访问权。
- 离职：必须谨慎制定员工离职政策。离职员工必须立即交还门禁卡、钥匙和重要文件。在完成离职面谈后，负责人必须陪同其走出组织，且禁止其单独访问办公场所。离职员工处理过的所有账户和凭证必须立即停用。

5.5 本章小结

本章开头介绍了金融科技领域的网络安全漏洞，展示了某些过去被利用的常见和特定的网络安全漏洞。金融科技领域的特定网络安全漏洞可分为 3 类：技术漏洞、人员漏洞和交易漏洞。技术漏洞包括过时的安全控制、易受智能手机应用影响和其他网站漏洞。人员漏洞包括计算机操作习惯、口令使用习惯和网络意识。交易漏洞包括云端交易、加密货币交易及合规性。每项技术、工具、软件和应用程序都可能存在网络安全漏洞，其影响波及金融科技生态系统中的所有组成部分，尤其是使用创新技术的各类金融机构、将传统金融业务转变为当代金融科技业务的金融科技初创公司，以及金融科技生态系统中的金融业务客户。技术开发人员也必须关注网络安全漏洞，因为只有识别出潜在威胁，才能在开发技术过程中避免漏洞和缺陷。

总体而言，本章解答了下述问题。
- 金融科技领域易受网络威胁吗？
- 金融科技领域的网络安全漏洞有哪几类？
- 技术漏洞有哪些，以及攻击者会如何利用这些漏洞？
- 与金融科技业务运营人员相关的漏洞有哪些，以及攻击者会如何利用这些漏洞？
- 交易漏洞有哪些，以及攻击者会如何利用这些漏洞？
- 如何缓解金融科技领域的网络安全漏洞？

参考资料

第6章 金融科技领域的网络安全风险

网络安全威胁会扰乱公司业务，破坏金融稳定。金融业成为网络攻击最大目标之一的两个重要原因是诱人的经济利益和机密数据。因此，对每个金融组织而言，网络安全风险管理是防御安全威胁的重要手段。与管理其他金融风险一样，公司必须就如何管理自身所面临的网络威胁做出决定。在利用风险评估程序对风险进行识别、分析和评估的同时，组织还需积极管理风险，包括缓解、转移和规避风险。

风险管理模型的基本组成部分包括识别威胁和漏洞、评价或评估风险以确定货币资产和非货币资产，并计算这些资产及组织内脆弱系统的大致损失。这一步所采用的风险评估标准方法会对风险进行评级，以确定其重要程度，并根据发生概率及其对关键资源的影响进行优先级排序。

本章定义了网络安全风险，介绍了金融科技所面临的各类网络安全风险。围绕网络风险的生命周期，全面探讨风险评估、分析、缓解、监测和审查的各个步骤。本章还将进一步剖析金融科技公司在网络安全风险管理过程中所面临的挑战。最后，针对金融科技风险管理中的各类不确定性，本章将给出应对这些不确定性的解决方案。

6.1 风险的定义

一般而言，风险是指发生不幸事件的概率。风险与每个人日常活动所涉及领域的不确定性有关。例如，在商人看来，价格下跌会对业务收入构成风险；在新车司机看来，事故是一种风险，因为事故可能对车辆造成损害。因此，风险可归纳为单一或一系列事件的负面影响。

在计算机科学领域，风险是指会损害计算机系统或窃取其数据的任何事物或事件。具体来说，当恶意软件利用计算机系统时，就会对计算机系统造成潜在的损害，并可能导致部分数据失窃。对计算机系统而言，该情况就是一种风险。

总之，风险所衡量的是可能导致系统受损的事件或行为的概率和后果，包括系统资产的非授权泄露、破坏、移除、修改或中断。

6.2 网络安全风险的定义

在理解网络安全和风险后，我们将网络安全风险定义为：恶意内部人员或网络罪犯实施的数据泄露的可能性。从组织的角度而言，网络安全风险是指网络攻击对组织的关键基础设施造成的潜在损失或损害。关键基础设施包括有形资产及技术、声誉和知识产权等无形资产。随着组织的业务开展越来越依赖计算机、网络和社交媒体，网络被利用攻击的概率激增。

图 6.1 列出了历年来全球经济所面临的网络风险趋势。可明显看出，网络风险从 2014 年第三季度逐渐趋高，并于 2016 年第一季度降至低位。在 2016 年保持稳定后，网络风险又日益升高，于 2017 年第三季度达到新的高位。网络风险在 2018 年趋于稳定，并于 2019 年开始逐步下降。在过去两年，全球经济所面临的网络风险趋势持续下降，这主要归因于英国脱欧（本书将不就此赘述）。

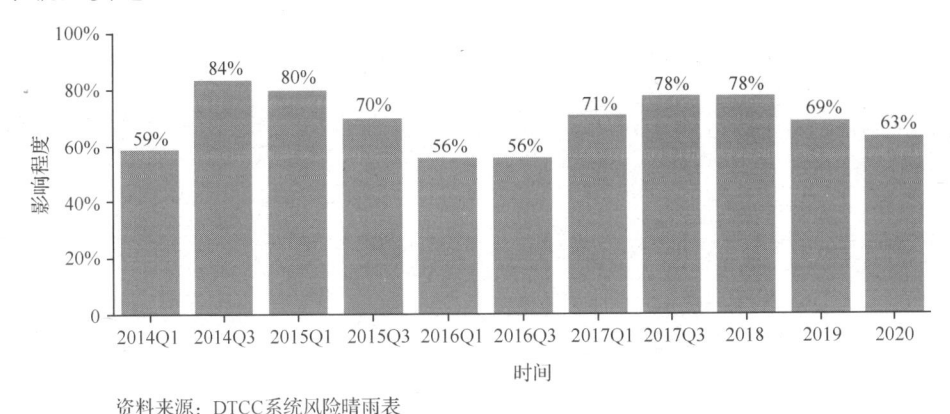

资料来源：DTCC系统风险晴雨表

图 6.1 全球经济所面临的网络风险趋势（2014 年—2020 年）

表 6.1 列出了 NIST（美国国家标准与技术研究院）信息技术实验室划定的组织网络安全风险和威胁（网络安全风险，美国国家标准与技术研究院信息技术实验室，2019）。针对每项划定的网络安全风险，NIST 还提供了对应的安全提示编号，并给出了相关风险的定义及抵御此类风险安全措施的有关详细说明。

表 6.1　美国国家标准与技术研究院信息技术实验室划定的组织网络安全风险和威胁（网络安全风险，美国国家标准与技术研究院信息技术实验室，2019）

序　号	网络安全风险	组　织[a]	安全提示编号
1	恶意代码	DHS	ST18-004
2	破坏性恶意软件	DHS	ST13-003
3	隐匿性威胁：Rootkit 和僵尸网络	DHS	ST06-001
4	假冒杀毒软件	DHS	ST10-001
5	隐匿性威胁：受损文件	DHS	ST06-006
6	勒索软件	FTC	—
7	间谍软件	DHS	ST04-016
8	拒绝服务攻击	DHS	ST04-015
9	网络钓鱼	FTC	—
10	商业电子邮件冒名	FTC	—
11	网络基础设施设备	DHS	ST18-001
12	网站攻击	DHS	ST18-006
13	无线网络	DHS	ST05-003
14	手机和个人数字助理（PDAs）	DHS	ST06-007

[a] DHS 指美国国土安全部；FTC 指美国联邦贸易委员会。

网络安全风险解释如下：

- 恶意代码：一种有害程序，该程序的执行可能导致计算机系统损害。它可能会破坏计算机系统或窃取系统中存储的数据。恶意代码可分为病毒、蠕虫、恶意软件和特洛伊木马。
    - 病毒：病毒可破坏中毒计算机上的文件。计算机病毒可通过受感染的移动介质、浏览恶意网站和下载恶意内容来传播。
    - 蠕虫：通过网络进行自我传播的病毒类型，旨在耗尽所有资源，使计算机系统无法做出响应。
    - 恶意软件：一旦计算机安装恶意软件，就会被感染。
    - 特洛伊木马：作为隐匿恶意软件的一个载体，特洛伊木马会伪装成合法的免费软件，在其中隐藏恶意软件。
- 破坏性恶意软件：破坏性恶意软件是指以破坏数据为目的的恶意代码，它会破坏组织中资产和资源的可用性，从而影响组织正常运营。
- 隐匿性威胁（Rootkit、僵尸网络和受损软件文件）：
    - Rootkit：在用户不知情的情况下安装到计算机上，具有隐匿性的特点。借助 Rootkit，攻击者可利用在目标机器上发现的任何漏洞来实施破坏行为。Rootkit 自身并非一定是恶意的，但具有高度隐蔽性，使攻击者能够在不被检测到的情况下监视目标计算机上的信息，修改设置，提升权限或执行某些恶意功能。
- 僵尸网络：由机器人组成的网络。简单来说，这些机器人会根据控制者发出的指令自动执行某些功能。攻击者会利用僵尸网络发起分布式拒绝服务攻击。在成功感染一台计算机后，攻击者可取得其控制权，进行编程，执行预先设定的功能，并利用这台计算机来发动其他攻击。与 Rootkit 一样，僵尸网络也属于隐匿性威胁。
- 受损文件：攻击者可能将恶意代码插入任何文件，包括用户通常认为安全的常见文件类型，如.doc、.docx 和.PDF 格式文件。一旦文件受到感染，攻击者会把文件上传至任何网站。当用户下载并打开受损文件时，其计算机也会被感染。

- 假冒杀毒软件：一种恶意软件，会通过执行未经授权的活动（如修改系统设置）来窃取信息。此类软件很难被终止或从系统中删除，因为它会发出逼真的计算机告警，让用户误以为真。
- 勒索软件：一种恶意软件，会对机器上的文件和目录进行加密，使用户无法访问它们。勒索软件会要求用户支付一笔高额赎金，以换取解密数据的密钥。赎金通常以比特币支付。但以往的若干事件证明，某些用户在支付赎金后仍无法取回数据，或在支付赎金后只取回部分文件，另一部分文件依旧丢失。因此，谁也无法确定支付赎金后是否可以取回全部文件。
- 间谍软件：安装在用户设备上的恶意软件，旨在窃取敏感信息。攻击者会将间谍软件收集的数据传输给广告商、外部机构或公司，用于实施后续的恶意活动。
- 拒绝服务攻击：攻击者通过向服务提供商发送大量服务请求的方式，来限制合法用户访问服务。例如，攻击者向 Web 服务器发送大量连接请求，使服务器崩溃无法响应合法用户的请求。拒绝服务攻击和分布式拒绝服务攻击之间的主要区别在于，前者是一台攻击机器攻击一台服务器，而后者是多台攻击机器攻击一台服务器。分布式拒绝服务攻击中发动攻击的机器群也被称为僵尸网络。
- 网络钓鱼：作为一种引诱性攻击，攻击者先通过电子邮件、电话或短信与攻击目标建立联系，然后攻击者会向目标用户发送引诱性链接，目标用户在点击链接后会跳转至恶意网站，将恶意软件下载到目标计算机中，或通过欺骗目标用户透露网银用户名和口令，从而盗取目标用户的银行账户资金。网络钓鱼攻击的重点在于窃取个人身份信息、银行账户信息、信用卡数据和其他敏感信息。
- 商业电子邮件冒名：攻击者会伪造一个与组织官方电子邮件地址相似的电子邮件地址，通过该伪造地址向员工发送电子邮件，使员工相信该电子邮件是由组织内授权人员发送的。创建此类电子邮件地址和发送电子邮件的做法分别被称为网络欺骗和网络钓鱼。在发送网络钓鱼邮件时，攻击者会要求目标员工提供个人敏感信息，例如该员工具备访问权限的计算机系统的用户名和口令。在成功窃取敏感信息后，攻击者将入侵计算机并进行提权，实施系列恶意活动。
- 网络基础设施设备：在网络中从源设备发送信息到目的设备接收信息所用到的所有硬件设备。一些关键的网络设备包括路由器、交换机、防火墙、服务器、入侵检测系统和存储区域网络。这些设备都是攻击者的重点目标，因为大部分网络流量都会流经这些设备。
- 网站攻击：最常见的网站攻击形式包括破坏公开网站使用户无法访问、窃取用户在线填写的信息，以及控制网站将用户重定向至恶意网站。
- 无线网络：网络攻击的主要目标之一。针对无线网络的常见攻击形式包括邪恶双胞胎攻击、假冒 Wi-Fi 接入点和中间人攻击。
- 手机和个人数字助理（PDAs，Personal Digital Assistants）：攻击者通过引诱用户点击恶意链接的方式，来破坏手机和个人数字助理，以便窃取信息，获取 Root 权限，并借其发动进一步攻击。

6.3 网络安全风险的生命周期

网络安全风险是指恶意内部人员或外部网络罪犯实施的数据泄露行为的可能性。换言之，风险是指威胁利用漏洞对有形资产或无形资产造成损害的可能性，可表示为如下数学公式：

$$风险 = 威胁 \times 漏洞$$

从该公式可看出，零漏洞意味着零风险。但零漏洞是一种极为罕见的情况，因为现实生活中，没有任何一个系统是毫无漏洞的。然而还有一种可能性，就是系统存在漏洞，但攻击者并不知道，也就不存在针对这些漏洞的潜在威胁。

因此，降低威胁或减少漏洞能够直接降低风险。在第 4 章和第 5 章中，我们列出了金融科技行业所面临的各种威胁、威胁主体和漏洞类型。整体而言，网络安全就是基于修复漏洞和抵御威胁主体来预防风险。图 6.2 以举例的形式展示了网络风险的生命周期。

简要描述：

威胁利用漏洞，构成风险。保护资产的防御措施可以对抗风险。资产容易遭受威胁。

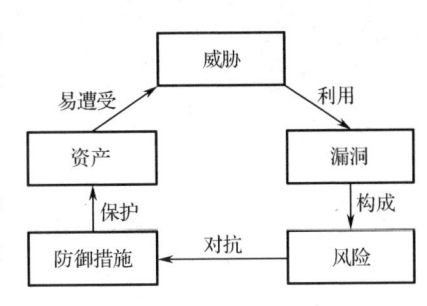

图 6.2 网络风险的生命周期

风险管理是一个详细过程，能识别那些可能泄露敏感信息并造成损失的因素。风险管理的首要目标是将风险降到某个可接受的水平。根据每个金融公司的规模、资产、数据类型和其他因素不一样，各公司可接受的风险水平也不一样。从近年来金融科技公司所遭受的网络攻击可以看出，金融机构（尤其是银行）之所以面临日益激增的网络攻击，是因为金融科技机构采取了错误的风险管理计划。

金融科技领域的网络风险管理基于循序式策略，其顺序为评估、分析、评价、缓解和监测网络风险。简单来说，风险管理是实施安全工具或防御措施的工具。金融科技领域的网络风险管理可以分为风险评估、风险分析、风险缓解、风险监测与审查，如图 6.3 所示。

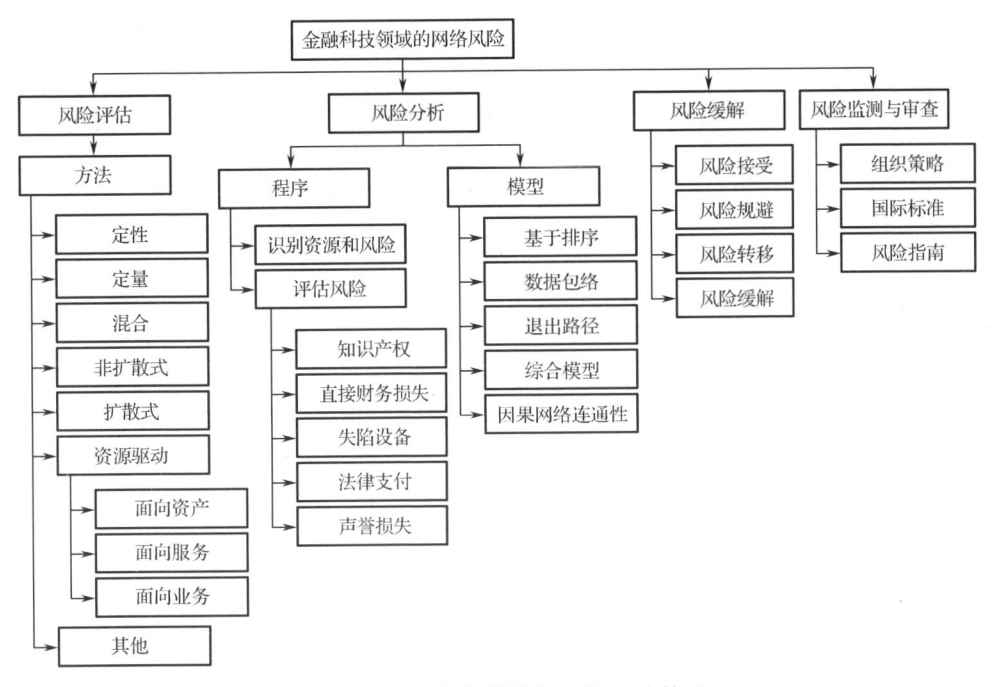

图 6.3 金融科技领域的网络风险管理

6.4 风险评估

风险管理的基本步骤包括识别威胁和漏洞,以明确货币资产和非货币资产评价或评估风险,计算这些资产及组织内脆弱系统的大致损失。这一步骤所采用的风险评估方法会对风险进行评级以确定其重要程度,并根据发生概率和其对关键资源的影响进行风险的优先级排序。

尽管大多数风险评估模型使用类似的评估标准,将各种风险因素、威胁、漏洞、资源、风险历史及实施行动的严重程度纳入考量,但各模型所用的风险评价方法却有所不同。

风险评估是上层管理部门的一项工作,用于启动和支持风险计算措施。风险评估流程中生成的所有决定、结果、成果和文件在经上层管理部门批准后,将由中层管理部门予以跟进。

风险评估方法

风险评估可分为以下几种。

- 定性风险评估:本质上具有主观性,它为损失赋予无形价值。定性方法根据专家决策采用不同的评价等级。
- 定量风险评估:以具体数值来衡量损失,为损失赋予货币价值,还会界定损失的严重程度(低、中、高)。该方法通常利用矩阵、数值和数学公式来计算风险损失。
- 混合风险评估:是定性风险评估与定量风险评估的结合,兼顾货币损失和专家建议。
- 扩散式和非扩散式风险评估:扩散式风险评估方法致力于将风险扩散至组织中的其他资产。该方法利用页面排序算法、模糊逻辑和依赖图来计算风险,并以图示方式展示风险如何扩散至公司的其他资产和资源。非扩散式风险评估恰恰相反,不会将风险扩散至其他资产和资源。
- 资源驱动型风险评估:资源驱动型评估方法在计算风险时将资产、服务和业务纳入考量。
  - 面向资产风险评估方法会考虑资产、威胁及相关漏洞,为每一项风险分配一个数值,以确定其对业务的影响。
  - 面向服务的风险评估方法会考虑网络中众多服务之间的关系,以及在触发风险时可能导致的损失。此类方法会计算与网络上每台主机相关的风险。
- 面向业务的风险评估方法会考虑业务目标及实现这些目标所需的过程。此类方法会计算与每项业务过程相关的风险。
● 其他风险评估：某些风险评估方法会融合专家意见与风险评估工具和技术。但这类方法存在一个问题，即缺乏历史数据来运行自动化工具。

对金融科技行业而言，风险既需要定性评估，也需要定量评估。某些金融组织还会采用混合评估方法。目前，有一种新兴趋势在金融科技行业盛行开来，即使用大数据和机器学习来评估信用卡风险。尽管该方法被普遍采纳，但与传统方法（如金融数据和记分卡模型）相比，其可靠性仍待进一步考证（Bazarbash，2019；Huang 等人，2020）。

基于记分卡的传统风险评估方法与基于大数据的人工智能模型之间存在天壤之别。有些金融机构认为，他们可将传统方法应用于大数据，实现良好的风险评估。甚至在一些研究论文中，研究者收集了本地金融科技贷款公司的金融数据，并利用大数据和机器学习分析客户在电子商务平台上的数字"足迹"（Berg 等人，2020；Agarwal 等人，2019；Frost 等人，2019；Jagtiani 和 Lemieux，2019）。

基于机器学习的借贷兼具若干优点和缺点。一方面，它将小额借款人引入借贷市场；另一方面，它会引发金融排斥性、客户隐私和保护问题等相关风险。

在金融科技领域开展风险评估的主要挑战在于无法取得与网络威胁有关的历史数据。由于每家金融机构都具有各自的市场价值，且在同行中建立了良好声誉，因此他们都不希望在遭受网络攻击时第一时间就向世界宣告。即便有些金融机构承认自己成为网络攻击目标，也不会公布网络攻击的数据，因为这涉及客户金融数据的敏感性、法律政策、金融标准合规性和声誉等问题。例如，在 2017 年英国只有 49%的金融业网络攻击事件被公之于众。另外，国际网络数据共享也存在一定的限制。

6.5 风险分析

风险分析程序包含 3 个步骤：①识别关键资源；②确定哪些漏洞会对资源造成威胁和风险；③评定风险等级。本小节将讨论风险分析时采用的分步程序，并介绍适用于金融科技领域的现有风险分析策略。此外，下面还将解释研究人员使用的风险分析模型。

6.5.1 程序

风险分析遵循三步骤程序,具体如下:
- 识别资源:风险分析第一步是识别所有利害攸关的关键金融资源,不论是有形资源还是无形资源。对于典型的金融科技公司而言,其关键资源包括网络设备、资产文件、业务服务、流程和活动,以及网络和个人信息。需要强调的是,在谈及数据时,那些存储于云端和物理内存的数据也应考虑在内。资源价值应根据资源重要性的不同而有所不同。
- 确定威胁和风险:通过风险识别,将潜在风险与威胁和漏洞关联起来。风险表现为威胁和漏洞之间的关系。对已识别的风险进行分析的目的在于确定风险被触发后可能造成的货币性和非货币性损失。为识别漏洞和威胁,公司应参考以往的审计报告、经验教训、异常分析、信息技术审计记录,以及测试和评估系统等资料。金融科技公司面临的潜在威胁包括网络钓鱼、拒绝服务攻击、信息盗窃和垃圾邮件攻击。这些威胁使得威胁主体能够进行未授权访问和利用漏洞,从而导致风险的产生。
- 评估风险:在上述两个步骤中,公司可以通过风险分析程序列出关键资源和潜在风险。下一个分析步骤就是评估已识别的风险,为风险分配严重性等级。严重性等级有助于公司对风险进行优先级排序,优先处理等级较高的风险。风险评估也被称为风险评价。在此过程中,公司利用风险分析模型,计算出威胁主体、威胁发生概率及其对业务流程和活动的影响。该模型会利用多个金融数据集,评估金融风险分析的算法。聚类算法可以将类似的风险类型汇集在一起。但研究表明,没有任何一种聚类算法是完全优于其他聚类算法的,这意味着所有聚类算法都具有相同的良好表现。该步骤会评估以下金融风险:
  - 知识产权:实现创新和实用成果的人所享有的权利,是赋予相关发明者的专属权利。知识产权包括版权、工业产权和专利。知识产权是金融机构所遵循的独特设计、流程、服务、系统或活动的结果,具有保密性质。作为相关金融机构的私有财产,知识产权不会被透露给任何竞争对手。因此,评估此类盗窃信息的风险变得尤为重要。
  - 直接财务损失:业务或流程风险所导致的直接财务损失也应予以评估。此类损失是指由物理损害造成的直接金钱损失。

- 失陷设备：一旦失陷设备无法运行，就会导致某些基本服务不可用。虽然无法衡量此类服务不可用导致的直接金钱损失，但其造成的非金钱损失是显而易见的。
- 法律支付：若金融机构起诉威胁主体，就需聘请法律团队来跟踪相关案件。涉及的法律费用也应纳入风险分析程序中。
- 声誉损失：所有上述因素最终会导致组织在各种利益相关者、竞争对手、政府和用户心中的声誉受损。声誉损失属于严重性极高的风险，因为金钱损失可以挽回，而声誉损失无法弥补。

6.5.2 策略

风险分析策略是指运用固定模式和风险评估标准来分析风险对财务状况的影响。与风险评估一样，风险分析也可以采取定量分析或定性分析。系统性风险是最严重的风险，因为这类风险会破坏整个系统，而不仅是影响某个组成部分。金融机构的系统性风险敞口取决于机构规模大小。管理层基于风险分析报告做出未来风险应对决策。最常用的风险分析策略包括问卷调查、运筹学和科普拉函数（Copula Function）。本书将不就此类策略进行赘述。

6.5.3 模型

风险分析模型旨在分析网络威胁，并提供评估工具来评估风险。管理层会使用风险分析模型形成的结果，决定风险应对策略。下面将简要介绍研究工作中使用的几种风险分析模型。每个模型都有独特的风险防范度量标准、策略和属性。

- 基于排序的聚类算法（Kou 等人，2014）：一种基于排序选择的经验模型，利用 11 种性能指标和 3 种多准则决策（MCDM，Multiple Criteria Decision Making）方法，对 6 种用于金融风险分析的聚类算法进行排序。该模型借助 3 个实时信用卡和破产风险数据集进行聚类算法评估和排序。该模型验证了一个事实，即在不同的风险评估标准下，没有任何一种聚类算法完全优于其他算法。
- 数据包络分析模型（Cooper 等人，2014）：用于评估相对风险承受力。该模型利用一份调查问卷，通过 4 个不同要素（即倾向、态度、能力和知识）来描述风险，建立了金融风险及其要素和其他变量之间的联系，使用人口统计信息、社会经济和数据的心理属性来呈现风险的多维性。该模型基于松弛变量测度，计算出风险分值，验证问卷调查在评估风险方面的应用，并发现风险要素的4大特征之间具有弱相关性，这意味着这些要素可单独予以评估。

- 退出路径模型（Amendola等人，2015）：作为一种竞争风险模型，用于评估公司在破产、清算和停止运营的情况下退出市场的变量之间的差异。该模型识别在任何退出路径中造成财务困境的所有影响因素，并研究微观经济指标和公司特定因素对多状态的影响和作用。研究者对意大利公司的财务数据进行了分析，以验证该模型的结果。

- 综合模型（de Gusmão等人，2018）：结合了故障树分析法、模糊理论和决策理论，以便识别网络安全系统中的漏洞，并找出网络安全系统故障的原因。该模型专为电子商务网站和企业资源规划（ERP）系统开发。简单来说，该模型从经济损失和恢复时间的角度，评估潜在网络攻击的后果，一般采用五步骤过程。

- 因果网络连通性模型（Gong等人，2019）：通过计算系统性风险指数（SRISK，Systemic Risk Index）、边际预期差额法（MES，Marginal Expected Shortfall）和条件风险价值（CoVaR，Conditional Value at Risk），研究单个金融公司对系统性风险的贡献。该模型被应用于中国金融市场的银行、证券和保险公司。该模型将金融系统视为一个网络，并通过格兰杰因果关系搭建出一个复杂的金融网络，然后在主成分分析法（PCA）的基础上衡量连通性。在滤除风险的同时，该模型会捕捉各公司之间的成对统计关系。

虽然这些模型被用于分析金融业的系统性风险或网络风险，但只要网络威胁数据充足，这些模型也可用于评估和分析金融公司的网络风险。表6.2对所有风险分析模型进行了比较。

表6.2　现有金融科技领域风险分析方法／模型的比较

模　型	年份	针对领域	RA1	RA2	RA3	RA4	RA5	RA6	RA7	RA8
基于排序	2014	银行	是	是	否	否	否	是	是	否
数据包络	2014	投资	是	是	否	否	是	是	是	否
退出路径	2015	金融科技公司	是	是	否	否	是	是	是	否
综合模型	2018	电子商务	是	是	否	否	是	是	是	否
因果网络连通性	2019	银行	是	是	否	否	是	是	是	否

RA——风险分析，RA1——概述，RA2——方法论，RA3——分类法，RA4——网络风险和威胁，RA5——提议的方法论，RA6——计算风险的参数，RA7——分析结果，RA8——所遵循的标准。

下述比较基于 8 大变量（RA1～RA8），旨在区分各方法／模型的能力。大多数方法／模型都列出了特定金融机构的风险分析方法的概述，涵盖银行、金融公司、投资部门、电子商务企业和保险公司等领域。但是，这些模型存在以下主要缺陷：
- 所有模型都以某种方式关联于金融数据，并给出了风险分析流程的概述。
- 任何一个模型都没有列出风险分析分类法、能够分析的网络风险及其所遵循的风险分析标准。
- 所有模型都采用各自独特的方法，针对特定金融领域，强调特定的风险场景。没有一个模型证明自身具备成为适用于所有风险场景通用模型的潜力。

6.6 风险缓解

在评估、分析和评价网络风险后，下一步工作就是根据风险评价方法的结果来缓解风险。目前，有 4 种方法可用于处理网络风险（Harris 和 Maymi，2018；Landoll，2006；Wheeler，2011）：
- 风险接受：若金融组织在了解风险对业务的影响后，认为风险是可接受的，则会采取风险接受策略。
- 风险规避：用于完全避免对业务构成轻微风险的活动。
- 风险转移：包含两个步骤，第一步是接受部分风险，第二步是将剩余风险转移。
- 风险缓解：用于控制风险及其后果，使之降至业务可接受的风险阈值内。

组织在处理金融业相关风险时，会组合使用上述方法。换言之，就是规避部分风险，转移部分风险，缓解部分风险，并接受其他剩余的风险。为此，我们在表 6.3 简要列出了若干网络安全威胁及相应的风险缓解措施。

表 6.3 网络安全威胁和相应的风险缓解措施

威　　胁	风　险　缓　解
社会工程学和网络钓鱼	● 对用户进行宣传教育。 ● 控制社交媒体的互动。 ● 实施物理安全控制措施
勒索软件	接受敏感数据可能被加密的风险，持续备份以避免数据丢失
跨站脚本	部署内容安全策略，防止漏洞被利用

续表

威　　胁	风　险　缓　解
暴力破解	● 对身份认证 URL 使用验证码和限制访问。 ● 设计账户锁定策略，在登录尝试失败达到指定次数后锁定账户
恶意软件	● 变更控制流程。 ● 检查错误配置。 ● 终端安全，如防御病毒或恶意软件。 ● 使用主机入侵检测系统（HIDS）和主机入侵防御系统（HIPS）的主机安全防护。 ● 通过创建访问规则，利用防火墙、入侵检测系统（IDS）和入侵防御系统（IPS），实现网络边界安全。 ● 使用下一代防火墙（NGFW）检测零日攻击。 ● 更新操作系统和应用程序的过时版本。 ● 关闭计算机系统中不必要开放的端口、服务和进程。 ● 补偿性控制。 ● 检查敏感数据的完整性
云端数据泄露	● 与供应商就数据泄露政策达成约定。 ● 数据加密。 ● 身份管理
数据泄露	● 数据存储和备份策略。 ● 访问控制。 ● 向用户分配有限带宽。 ● 创建监管链。 ● 使用下一代防火墙（NGFW）
内部人员威胁	● 职责分离。 ● 强制休假。 ● 双重控制。 ● 可接受使用政策（AUP）。 ● 员工离职政策。 ● 接任计划。 ● 管理访问控制。 ● 对超级用户账户（Linux）和管理员账户（Windows）的访问限制

6.7　风险监测与审查

　　监测网络安全风险对于收集网络数据以供未来开展风险分析至关重要。下面是关于有效风险监测和审查的标准风险策略和指南。

　　● 组织策略：在初始阶段，每个组织都应由上层管理人员设计和制定自身风险监测策略，由中层管理人员遵照实施。该策略应涵盖与网络风险有关的若干基本规章和制度，要求每位员工都必须遵守，保护敏感信息的规则和安全措施的纵深程度主要取决于多个关键因素，如组织规模、预算、财务数据的重要性、风险可接受水平及漏洞暴露情况。组织策略还将涵盖必须遵守的基本做法用以减少网络风险，如设置强口令、了解社会工程学知识、员工培训及强调敏感金融数据的机密性。有些组织会倾向于规避或接受风险，而另一些组织可能希望缓解风险。因此，组织在实施网络安全风险监测和审查策略时，各有不同。

- 风险指南：除组织政策外，金融科技公司还应制定风险指南，并指明公司可承受的风险程度，以及当风险超过一定阈值时需采取的行动。
- 国际网络安全风险管理标准：为监测网络盗窃，金融业必须严格执行美国国家标准与技术研究院（NIST，National Institute of Standards and Technology）及国际标准化组织和国际电工委员会（ISO/IEC，International Organization for Standardization and the International Electrotechnical Commission）等国际组织发布的网络安全风险管理标准。

6.8 金融科技领域风险管理的挑战

目前，有多种模型可用于管理金融科技领域的系统性风险和运营性风险，但是鲜有针对金融科技领域网络安全风险的管理模型。尽管金融科技公司在风险识别、评估、分析、缓解和报告方面做了一系列努力，但仍面临下述与金融科技网络安全风险管理有关的未决难题和挑战：

- 数据不可用：金融科技领域网络风险管理在获取网络风险数据方面存在诸多障碍。出于避免声誉损失和市场价值降低的考虑，金融机构不愿意分享其遭受网络攻击数据。此外，监管标准禁止金融网络数据的国际共享。若干研究人员曾设法从当地金融机构获取信用卡数据，但必须经过匿名处理。因为缺乏金融科技行业的实时网络攻击数据，所以在金融科技领域执行网络风险管理模型的计算效率极低。
- 新兴技术：技术创新不断催生出新的模式、服务、产品交付平台及创新营销模式，以吸引客户。新兴技术带来的主要挑战在于风险管理成本趋高，以及开发新兴技术所用的软件和基础设施的漏洞增多。虽然大多数初创公司以投资新兴技术的方式踏足金融科技领域的相关业

- 务，但他们在技术上并不成熟，无法采用强有力的网络安全控制措施来实现技术保障。
- 市场增长：为顺应客户更快速、更便捷的金融科技服务要求，金融服务供应商不断加快技术和产品创新，这让服务供应商提高了自身市场价值。但是，市场增长也给服务供应商带来了新挑战。例如，对高质量产品进行投资，使用第三方云服务进行数据存储，等等。
- 伙伴关系和联盟：各类金融机构的联手合作推动了金融科技行业的蓬勃发展。在这种合作下，金融机构不断扩大传统业务，采用大数据和机器学习技术来处理、转换和分析体量庞大的金融数据。
- 监管审查：金融科技公司通过与其他金融机构合作，采用创新技术，聘请第三方服务供应商来实现业务扩张并建立自身市场份额。但此类多方整合会带来监管合规方面的问题。金融机构所制定的自身规章有可能与合作伙伴的行业合规标准相矛盾。
- 洗钱：金融科技公司使用加密货币来开展金融交易。频繁利用非法货币可能会导致洗钱和恐怖主义融资。
- 关键资源：识别金融相关的关键资源，对于规避或防御重大网络风险至关重要。需重点关注每一项关键资源，保护其免遭受潜在的网络攻击，并衡量其对金融交易的影响。
- 缺乏自动化风险管理模型：由于无法获取金融业的网络安全数据，金融科技领域尚未设计出自动化的网络风险管理模型，即在输入网络威胁数据后，此类模型可触发自动化操作和功能，以评估、分析和监控网络风险。
- 意识薄弱：金融服务供应商和用户都未接受网络安全培训，因此很难留意漏洞及攻击者利用这些漏洞造成的威胁。这使得他们很容易受到网络钓鱼或社会工程学攻击。从金融科技领域曝出的网络攻击可以看出，恶意软件的意外执行主要源于个人误点击某个恶意链接并导致计算机下载了恶意软件。

6.9 应对金融科技领域的不确定性

与其他行业相比，金融科技公司会进行多轮巨额融资。金融科技公司的心态和代际因素推动了金融科技行业的发展势头。以人工智能（AI，Artificial

Intelligence）和区块链为契机，金融科技公司有机会与金融巨头进行竞争与合作。虽然人工智能和区块链技术已在多个领域广泛应用十多年，但目前仍在重塑金融科技未来的突出技术。除了为人们带来数字钱包、无现金交易、数字借贷和全球支付等便利，金融科技公司还需应对若干不确定性。

6.10 不确定性的种类

金融科技领域的不确定性大致可分为3类：①银行对技术的主导权；②数据泄露；③网络风险。

- 银行对技术的主导权：尽管技术不断发展，却仍有很多银行喜欢以传统方式开展业务。出于对技术性业务中断的担忧，这些银行偏好传统工作文化而不愿意接受新兴技术，这给金融科技的未来带来了不确定性。
- 数据泄露：信息盗窃或数据泄露是金融科技领域面临的最大挑战之一。金融科技公司处理的敏感金融数据包括信用卡信息和个人身份信息，网络罪犯会窃取和出售这些信息获利。失窃信息也会被黑客组织用于发送钓鱼邮件、仿冒个人身份、非法转移资金、洗钱及资助民族国家恐怖活动。频发的数据泄露事件引起了金融机构的担忧，这给金融科技安全带来更多不确定性。
- 网络风险：杀伤力极强的网络风险威胁正在给金融科技行业制造混乱。在每年发生的大量网络事件中，只有少数网络事件被曝光。许多金融机构认为，隐瞒网络事件有助于保住其市场价值。但是，现实往往并非如此。如果金融机构不修复漏洞，就可能再次受到攻击。执行网络风险管理解决方案是必要的，因为这样才能提前计算网络风险，规划实施若干措施及时缓解风险。

6.11 降低不确定性

我们通过采取以下方法，减少第6.10节中列出的各类不确定性：
- 拓宽视野：初创公司和处理大量国际交易的中小型企业（如爱彼迎）的加入，让金融科技业务模式不断拓展。除了一些利用现有金融平台开展金融交易的业务提供商，还有从零开始打造的金融产品服务，如微信和支付宝。这些业务提供商为减少传统银行带来的不确定性提供了希望。
- 主动监测：如今银行经常遭到勒索软件的攻击，但银行可以通过以下做法大幅降低这些攻击带来的影响或破坏性后果。例如，定期进行增量数据备份，主动监测资产和资源，一旦攻击者试图利用漏洞，立即发现威胁采取有效行动。总部位于伦敦的银行软件供应商 Finastra，在 2020 年第一季度遭遇了一次勒索软件攻击，该公司在没有支付赎金的情况下度过了此次危机。作为与全球上百家最大银行合作的服务供应商，Finastra 在勒索软件发起攻击时，当即下线了服务器，保住了云端文件。
- 整合区块链与金融科技：区块链是金融业革命背后的驱动力，正在逐步成为金融科技行业的支柱。让用户建立对金融业务安全性的信任是区块链成功的关键。区块链有助于打造透明化、去中心化、不可篡改且高效的流程，让分布式数字支付、智能合约和共享交易成为可能，并不断挖掘出金融科技行业的各种机会。

6.12　处理金融科技领域网络安全风险的不确定性

研究者认为，系统性风险的评估和分析模型也可以用于计算金融科技领域的网络风险，但计算结果的准确性仍取决于网络攻击数据的可用性。一些研究人员通过获取小型金融公司的网络攻击数据，评估和分析拟定的网络风险模型，得出振奋人心的结果（Cooper 等人，2014；Amendola 等人，2015）。

正如在金融科技风险管理所面临的挑战（第 6.8 节）中所述，网络风险数据的不可用性是金融科技行业的关键难题之一。假如金融公司愿意提供具有代表性的网络风险数据，那么研究人员就可以通过计算，得出切合实际的网络风险评分，这将有助于金融科技行业了解网络风险的不确定性，以避免相关业务在未来受到威胁。针对金融科技领域网络安全风险的不确定性，我们推荐下述处理措施：

- 保障数字交易安全：数字交易应遵守安全通信协议标准，以确保基于互联网的信用卡交易的安全性。例如，安全电子交易协议（SET, Secure Electronic Transaction）就是安全通信协议标准之一，是最初由 Mastercard、Visa、Microsoft、Netscape 及相关各方联合推出的。该协议采用数字证书，通过数字签名和数字证书的组合方式来验证商家间的交易，从而加强数字交易数据的隐私性和机密性。
- 保护关键基础设施：云端交易不仅用到 SaaS、IaaS 和 PaaS，还涉及一个与服务安全性有关的术语——安全即服务（SECaaS，Security as a Service）。它是第三方服务供应商的一种业务模式，通过将安全服务整合于基础设施的形式交付。SECaaS 模式的灵感来源于 SaaS，用于提供信息安全服务。
- 了解自身漏洞：确保网络安全的基本原则之一是了解所面临的敌人。在搭建有效的金融科技领域网络安全风险管理系统时，必须列出系统中可能被内部和外部威胁所利用的所有漏洞。只有了解自身漏洞，才能采取适当措施来修复漏洞，以规避潜在风险。
- 计算风险：金融科技公司必须认识到哪些潜在网络风险可能会影响其业务。只有计算出风险等级，才能知道应优先处理哪些风险。这样有助于公司针对严重风险采取适当的补救措施。
- 定期备份数据：有效的网络安全措施之一是定期备份数据，即在备用服务器上保留一份基础数据文件的副本。如果主服务器受到分布式拒绝服务攻击或勒索软件攻击，用户可从备用服务器访问其数据，这将始终确保数据的可用性。

6.13 本章小结

本章以金融科技的网络安全风险为主题，介绍了金融科技领域面临的各类网络安全风险，总结了金融科技机构面临的网络安全风险趋势。本章在全面解析风险评估、分析、缓解、监测和审查步骤的基础上，指出了金融科技领域风险管理流程中的各项挑战，并列出了风险管理流程中的多项不确定性。本章结尾针对已识别的不确定性，提出了相应解决方案。

网络安全风险影响几乎波及金融科技生态系统的所有组成部分，尤其是使用创新技术的各类金融机构、将传统金融业务转变为当代金融科技业务的金融科技初创公司，以及金融科技生态系统中的金融业务客户。技术开发人员也必须关注网络安全风险，因为只有识别出潜在威胁，才能在开发技术过程中避免漏洞和缺陷。总体而言，本章解答了下述问题：
- 什么是网络安全风险，以及近期金融科技机构面临的网络风险趋势是怎样的？

- 什么是风险管理，以及执行风险管理包括哪些步骤？
- 金融科技领域网络安全风险管理所面临的挑战是什么？
- 金融科技领域网络安全风险管理的不确定性有哪些？
- 如何处理这些不确定性？

参考资料

第 7 章 安全金融市场基础设施

金融市场基础设施（FMI，Financial Market Infrastructure）是金融市场的支柱，为个人、金融机构和企业之间以更低成本、更高效率开展金融交易提供了条件。金融市场基础设施是金融机构间交换货币、证券和衍生品的关键组成部分。它不仅能让客户和金融公司放心地购买商品和服务，还能通过记录、清算、结算货币交易和其他金融交易的方式，促进金融稳定和经济增长。

举例来说，在我们将工资存入雇员账户、从自动取款机上提取现金，以及网上购物付款时，都需借助于金融市场基础设施（FMI）。据估算，在英国每天有价值 3 600 亿英镑的交易通过金融市场基础设施实现支付（金融市场基础设施，2019）。金融市场基础设施还具有其他一些基本功能，例如实现交易者与股票市场之间的股票转移，协助银行从市场上的其他银行和金融机构借钱，以及向购房者或企业投资者提供贷款业务。回顾 2007 年到 2009 年发生的金融危机，金融市场基础设施曾发挥举足轻重的作用。作为一支稳定力量，金融市场基础设施解决了当时货币交易中的不确定性问题。

以金融市场基础设施为重点攻击对象的网络威胁，已成为一种持续的系统性风险。由于这类风险的持续性，我们很难检测和彻底根除它。同样，我们也难以衡量这类网络攻击所造成的损害程度［金融市场基础设施的网络弹性，普惠金融全球倡议（FIGI），世界银行，2019］。这类攻击背后的主要动机是为了非法获取经济利益，扰乱服务市场并窃取敏感数据。

本章将解释金融市场基础设施的概念及类型，指出支付系统的各种漏洞和中央对手方的网络安全问题，介绍用于确保金融市场基础设施安全性的安全服务和机制。最后，本章将剖析金融市场基础设施各组成部分所对应的安全目标。

7.1 金融市场基础设施的定义

金融市场基础设施是指金融机构参与方之间用于清算、结算或记录支付交易的多边系统。除了处理支付交易，金融市场基础设施还用于结算、证券、衍生品或其他金融交易（金融市场基础设施原则，2011）。金融机构参与方被称为买方和卖方。出于参与实体建立专门风险管理框架处理风险的考虑，金融市场基础设施设立了通用的规则和程序。金融市场基础设施通过有效管理金融系统中可能发生的风险，确保金融稳定性和经济增长（Maskay，2014）。金融稳定性和市场运作有赖于金融市场基础设施所提供的连续服务（金融市场基础设施和零售支付系统监督框架，2020）。图 7.1 列出了金融市场基础设施的完整结构及基本组成部分。

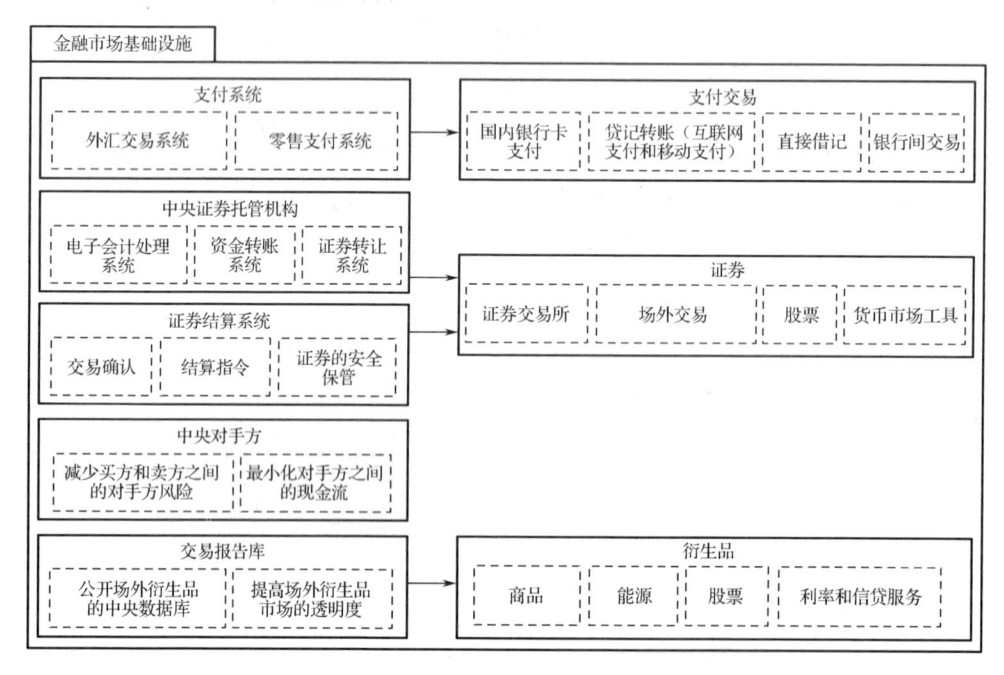

图 7.1 金融市场基础设施的完整结构及基本组成部分

7.1.1 支付系统

支付系统是指参与实体之间资金转账所使用的一系列规则和程序。支付系统的运行以各实体和运营商之间的协议为基础。借助支付系统，机构可借出资金，借款人可偿还资金，消费者可为商品和服务付款，公司可支付工资，政府可为公众提供福利（金融市场基础设施和零售支付系统监督框架，2020）。一般而言，支付系统可分为外汇交易系统和零售支付系统。外汇交易系统是金融市场中流动性最强的支付系统，其主要通过货币汇率换算和资金划转的方式处理国际贸易和投资。外汇交易系统也是每日产生支付交易量最多的系统。据估算，外汇市场的日交易额在 5.3 万亿美元。

作为第二大分支的支付系统，零售支付系统处理大量以现金、支票、贷记、借记和借记卡交易形式执行的小额资金划转，其主要用于国家境内的支付和转账。零售支付系统的运行以私营或公共部门的全额实时支付系统（RTGS，Real-Time Gross Settlement）或延迟净额结算（DNS，Deferred Net Settlement）机制为基础。

支付系统所涵盖的支付交易类型包括：国内银行卡支付、贷记转账（互联网支付和移动支付）、直接借记和银行间交易（国际货币基金组织，2016）。国内银行卡支付是指使用银行签发的信用卡或借记卡与商家注册账户进行的境内付款。贷记转账也被称为电子转账或电子汇款，主要利用互联网服务和移动支付服务实现，其操作模式类似于收款人与付款人之间的现金转账。通过贷记转账，人们可支付电费和水费，购买和销售商品或服务，以及进行网上购物。这种快速支付模式让收款人不必等待付款。

相反，直接借记或借记转账则以支付人交付为交易的开端。在借记转账中，如果付款失败，银行会发出通知。因此，借记转账遵循"没有消息就是好消息"（即代表着付款成功）的原则。尽管贷记转账备受欢迎，但许多国家仍以借记转账为主要支付形式（国际货币基金组织，1998）。

银行间交易是指银行之间的货币交易，此类交易为金融市场提供了巨大流动性。例如，某个国家银行向中央银行寻求贷款，或中央银行向世界银行寻求贷款，这些均属于银行间交易。此外，银行间交易还包括两家银行之间的支付交易，即从一家银行的注册用户账户向另一家银行的注册用户账户进行资金划转。银行间交易可借助于全额实时支付系统，或借助于国家电子资金转账系统（NEFT，National Electronic Fund Transfer）。

7.1.2 中央证券托管机构

中央证券托管机构设有安全账户，用于以凭证式或非凭证式两种方式进行资金转账。为安全考量，它会保留法定所有权记录，在确保数据安全完整性方面发挥了关键作用。各中央证券托管机构所履行的职能有所差异，具体取决于其所处的司法管辖区。中央证券托管机构负责资产和服务的电子会计处理系统、资金转账系统和证券转让系统，涵盖证券交易所、场外（OTC，Over-The-Counter）衍生品、股票和货币市场工具。

证券交易所是政府和企业买卖股票的集中场所。证券是指可互换使用的股票,充当了投资中交易双方的纽带。纽约证券交易所(NYSE,The New York Stock Exchange)和纳斯达克证券交易所(NASDAQ)是全球最受欢迎的两大证券交易所。在证券交易所内的一切交易活动都是由经纪人进行的。除实体交易所外,还有基于电子平台的电子交易所,使交易者不必前往实体交易地点,即可进行交易。

场外衍生品是指在资产交易市场以外进行交易的私人金融合约。衍生品属于证券的类型之一,其价值取决于或源于基础资产。最常见的基础资产包括股票、债券、商品、货币、利率和市场指数。可在交易所进行交易的衍生品称为场内衍生品,不在交易所进行交易的衍生品称为场外衍生品。场外衍生品是交易对手方(即买方和卖方)之间在遵循规则的前提下所达成的金融合约(美国联邦储备银行,2020)。

货币市场工具是金融机构间短期资金融通的工具,是投资低风险、短期有价证券(如政府证券、存款凭证和商业票据)的一种共同基金。货币市场基金将每个单位份额的净资产价值保持在稳定水平。每个单位份额的价值可能因某家公司在市场上的业务情况而上升或下降(美国联邦储备银行,2020)。

7.1.3 证券结算系统

作为金融市场基础设施的一个重要组成部分,证券结算系统用于实现交易双方之间的证券结算。证券结算系统充当借款人与贷款人之间的中间人角色,可确保资金流动,并维持双方的证券投资组合(国际清算银行,2001)。证券结算系统允许免费形式或以付款为条件的资金划转。当资金划转以付款为条件时,当且仅当付款完成后,才会交付证券。此外,证券结算系统还通过发出安全清算和结算指令,来确保证券获得安全保管。

随着跨境交易量和结算量的飞涨,如同中央证券托管机构一样,证券交易所、场外衍生品、股票和货币市场工具等全球市场也在加速整合。证券结算系统的任何失误都可能导致证券市场的系统性风险,进而造成参与实体的流动性危机或信用损失(国际清算银行,2001)。

7.1.4 中央对手方

中央对手方以中间人身份,介入金融市场上交易金融合约的对手方之间,充当卖方的买方和买方的卖方(国际清算银行,2004)。中央对手方也被称为清算所。中央对手方将自身置于买方和卖方之间,以降低交易的复杂性。一旦买方和卖方完成一项交易，交易系统将匹配市场上所有的买入委托单和卖出委托单（该过程称为清算），转移每个合约下的证券（该过程称为结算），以及安全保管证券（该过程称为托管），从而确保所有交易协议得到有效执行（Stamegna，2017）。在中央对手方介入交易之前，所有参与实体（买方和卖方）彼此之间直接进行互动，形成一个复杂的联系网，如图7.2（a）所示。这一网状结构也被称为双边合约安排。在中央对手方出现后，它作为买方和卖方之间的中间人，简化了交易复杂性，如图7.2（b）所示。

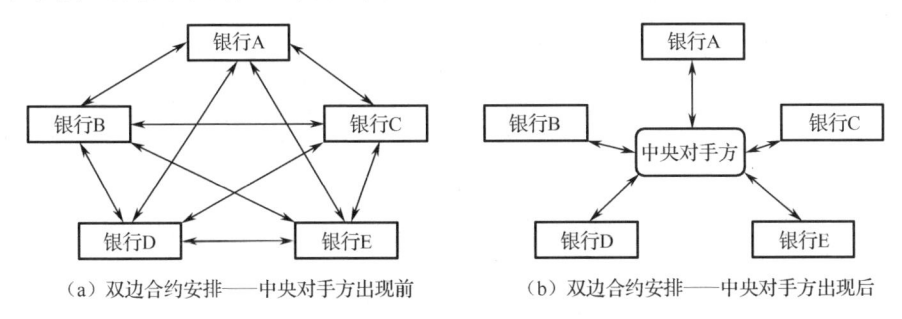

（a）双边合约安排——中央对手方出现前　　（b）双边合约安排——中央对手方出现后

图 7.2　中央对手方降低了交易的复杂性

中央对手方制度被运用于衍生品交易所、证券交易所和交易系统。该制度通过法律程序对买卖双方进行约束，实施有效的风险控制措施，从而减少买卖双方之间的风险。正因如此，该制度有利于减少系统性风险。有效的风险控制对于最小化交易方之间的现金流动和实现风险的有效降低是至关重要的。如果中央对手方无法控制风险，则不仅会扰乱金融市场，还会扰乱其他结算系统。在某些情况下，中央对手方制度还可以通过支持匿名交易，增强金融市场的流动性（国际清算银行，2004）。

中央对手方在参与业务的交易方之间维持监管合约，作为交易方之间的中央节点，承受着某一对手方不履行到期合约的违约信用风险。中央对手方通过向交易方收取抵押品或"保证金"的形式，来管理此类违约信用风险（Rehlon和Nixon，2013）。显然，中央对手方是金融市场的中央节点，20国集团（G20）领导人提出场外衍生品交易均应实行中央对手方清算机制后，中央对手方的重要性将日益凸显。

中央对手方降低风险的效果体现在两个方面：一方面是简化交易方之间的联系网络，另一方面是在交易方不履行合约时能够管理违约。通过解决双边合约的缺陷问题，中央对手方在降低系统性风险和加强金融稳定方面具有巨大潜力（Chande等人，2010）。

7.1.5 交易报告库

交易报告库是指集中维护交易和数据的数据库。虽然交易报告库是新出现的一类金融市场基础设施，但它在场外衍生品市场上发挥着越来越重要的作用。交易报告库通过集中维护交易，传输和存储所收集的数据，向有关当局和公众提供透明的信息。交易报告库的一个重要职能是为参与实体和市场提供有助于降低风险、提高运营效率和降低成本的信息（国际金融市场基础设施原则，2011）。交易报告库存储与商品、能源、股票、利率和信贷服务相关的信息。鉴于交易报告库存储的数据会被多方利益相关者使用，因此保持数据的准确性、可靠性和可用性是至关重要的。交易报告库具有以下优势特征：

- 为数据集中存储提供了一个透明的市场基础设施。
- 使用者可及时、可靠地获取存储在交易报告库中的数据，从而大幅提高识别金融系统相关风险的能力。
- 交易报告库为不同利益相关方提供了同一个公用平台，实现数据格式和数据展现形式的一致性。
- 数据的集中和可靠性增加了数据的实用性。

7.2 系统重要性支付系统的脆弱性

支付系统对于金融市场基础设施的高效和有效运作至关重要。支付系统也被称为系统重要性支付系统（SIPS），主要负责在参与实体之间划转资金。系统重要性支付系统是金融震荡波及国内和国际金融市场的主要渠道之一。安全且高效的支付系统是维护金融稳定和促进金融市场经济增长的关键前提。

在金融危机中，大型金融系统可能因大型金融科技公司、所提供的服务、业务的复杂性、全球影响力，以及与其他金融机构的金融关联程度等多种潜在原因压垮小型企业。

在系统重要性支付系统中存在若干对全球金融业务产生负面影响的脆弱性。下面是已识别的系统重要性支付系统的脆弱性：

- 金融科技机构的规模：大型金融科技公司对全球金融系统的影响更大，因为其经营失败会对其他金融机构、利益相关者、支付系统和参与实体造成困扰。与此相关的脆弱性在于，大型金融科技公司经营失败所引发的金融风险很容易蔓延至小型金融机构、利益相关者、债权人和股东。
- 系统性风险：系统故障风险或系统性风险可造成金融系统的全面动荡（Chouinard 和 Ens，2013）。
- 业务模式差异：所有金融科技机构所遵循的业务模式都存在差异。在评估支付系统的重要性时，必须将这些差异纳入考量。同样，系统必须依据法律建立，并使其能够在所有司法管辖区内运作（国际清算银行，2001）。
- 不同金融科技机构之间的相互关联性：小型金融机构的业务依赖大型金融科技公司。正因这种相互关联性，金融冲击才可能从大型金融科技公司蔓延至小型金融科技机构（Chouinard 和 Ens，2013），这就提高了这些机构存在共同风险的可能性。
- 跨司法管辖区活动：越来越多的跨境贸易活动意味着更大的系统故障风险，这也可能引发全球金融崩溃。
- 业务复杂性：复杂的业务难以从系统性风险中解脱出来。
- 替代性：相比于小型金融机构，大型金融机构更有可能触发全球金融崩盘风险。当引发全球困境或金融崩盘的风险出现时，没有大型金融机构的替代者，这就是脆弱性所在。

在讨论了可能导致金融系统崩盘的脆弱性后，我们首先要意识到有必要保护金融系统免受此类机构失败带来的影响。其次，我们应采取若干补救政策，在金融系统崩盘后对其进行恢复。最后，识别系统重要性支付系统是防范"大而不能倒"和其他金融危机的关键因素。监管机构会采取不同方法来评估金融机构，从而有助于制定更有效的政策和框架（Chouinard 和 Ens，2013）。

7.3 中央对手方的网络安全问题

除了金融风险，中央对手方也易遭受网络攻击。根据 Herjavec Group（黑客启示：揭露网络犯罪，Herjavec Group，第三季度，2016）的数据，到 2021 年，全球网络犯罪的年均成本预计将上升到 6 万亿美元。据市场调研机构 Juniper Research（Juniper Research，2015）和世界经济论坛（世界经济论坛，2016）的估算，每一次全球网络攻击造成的影响约为 1 210 亿美元。除金融危机之外，网络攻击还会扰乱服务，破坏金融市场，并造成大范围的信心丧失（Boer 和 Vazquez，2017）。卡内基国际和平研究院（涉及金融机构的网络事件时间表，2021）报告称，数据泄露、恶意软件和分布式拒绝服务（DDoS）是造成各种金融机构重大财务损失的常见网络攻击形式。除此之外，其他非常见的安全风险也数不胜数。

随着时间推移，网络攻击变得越来越复杂。网络攻击罪犯可能是黑客组织、犯罪团伙，或受国家资助的行为主体，其动机包括诱发金融动荡，破坏司法管辖区的稳定性，窃取数据，索要钱财，破坏网络通信，侵扰金融机构。显然，银行、证券交易所和其他金融公司等的支付系统是网络攻击的头号目标。多年来，即使大型金融科技机构，也遭受了极具威胁的网络攻击。统计数据显示，网络攻击是金融科技公司在过去几年中面临的最大挑战之一。高级持续性威胁（APTs，Advanced Persistent Threats）旨在从金融行业窃取敏感和有价值的数据（Tounsi 和 Rais，2018）。

洗钱或网络诈骗是中央对手方所面临的较为常见的网络风险。加密货币经常被用于跨境金融交易，因为它不需要进行兑换，使用起来非常方便。与加密货币交易相关的风险是监管合规风险。因此，加密货币极易受网络风险影响，攻击者可通过合法的金融机构，尤其是借助金融市场基础设施，进行洗钱活动。

基于中央对手方所面临的网络攻击类型，中央对手方处理的金融交易会受到以下网络安全问题的影响：机密性、完整性和可用性（Bouveret，2018）。若发生数据泄露，导致任何交易方的机密信息被泄露给第三方，都会产生机密性问题。若这些机密信息被滥用于网络诈骗或金融欺诈，则会出现完整性问题。由托管风险和投资风险引发的金融欺诈在中央对手方中相当常见。最后，若网络攻击造成业务中断，则会产生可用性问题。业务中断会使金融公司无法运营，从而触发财产损失和欺诈事件。

不同的网络安全问题会对金融业造成不同的影响。数据泄露带来的损失需要很长时间才会显现。声誉和诉讼损失亦是如此。更常见的情况是丧失信心，这显然是金融业面临的最高风险之一。

尽管设有风险管理程序，中央对手方还是面临着重大网络安全问题，且可能会导致各种金融风险。我们在下面总结了与中央对手方相关的若干关键风险（Rehlon 和 Nixon，2013）：

- 中央节点（中央对手方）故障：由于中央对手方被置于金融网络的中央位置，其自身发挥着至关重要的作用。当作为清算所的中央对手方发生故障时，情况就会恶化。鉴于中央对手方管理着数以千计的交易方，其故障可能会造成"蔓延效应"。在最糟糕的情况下，可能需要暂时关闭金融市场，才能解决这种效应。

- 中央对手方冲击放大：中央对手方故障会向与之相关联的其他交易方传导金融压力。通过采取金融系统风险管理政策，可限制金融冲击的传导范围。
- 中央清算：为管理风险，中央对手方需要在信用度、流动性和运营可靠性等方面对交易方施加严格监管。正因如此，中央对手方应清算那些具有充分技术和财政资源的对手方之间的交易，这是至关重要的。
- 对手方风险：当买方无法支付价款，或卖方无法交付证券时，就会出现此类风险。换言之，资金不足是引发对手方风险的原因之一，因此对手方风险也被视为流动性风险。
- 托管和投资风险：托管风险与证券的保管有关，包括记录保存不全、疏忽、欺诈、网络攻击及托管方所持资产的损失。
- 法律风险：中央对手方与不同对手方互动，而这些对手方可能属于不同的司法管辖区和法律体系，因此给跨境结算带来了法律风险。

英格兰银行的最新咨询规则指出，如果任何事件影响到中央对手方信息技术系统的安全，且对服务连续性产生重大影响，中央对手方必须向英格兰银行报告（英格兰银行，2018）。此外，咨询规则还要求中央对手方设立一个适当的风险管理模型。影响中央对手方风险管理的主要因素是保证金和违约金之间的平衡。如果这两项因素能够达到平衡，那么中央对手方的大部分托管和投资风险、法律风险和信用风险问题都会迎刃而解（Haene 和 Sturm，2009）。

7.4 证券结算设施

证券结算设施（SSF，Securities Settlement Facilities）是指受19项标准约束的清算和结算设施，这些标准由金融稳定标准规定，统称为SSF标准。本节将简要介绍这些标准（澳大利亚证券交易所清算和结算设施评估，2020；证券结算设施金融稳定标准，澳大利亚银行，2012）。

标准1：法律依据

"在所有相关司法管辖区内，就其活动的各个实体方面而言，证券结算设施应具有稳健、清晰、透明和可执行的法律基础。"

证券结算设施的某些功能可能存在内在风险。但是作为法人实体，证券结算设施应与可能使其面临风险的其他实体相分隔开。法律依据为不同司法管辖区的跨境交易提供了高度确定性。证券结算设施应针对相关司法管辖区采用明确的合约、程序和规则。这些合约应是一致且易于理解的。由于证券结算设施在多个司法管辖区运转，因此易受各种金融风险的影响，而有效的风险管理程序将有助于减轻这些风险。

标准2：治理

"证券结算设施应具备清晰、透明的治理安排，促进证券结算设施的安全性，支持更大范围的金融体系稳定性，以及明确其他相关公共利益及相关利害人的目标。"

证券结算设施应具有明确和透明的目标，高度重视证券的安全性，并明确支持系统的金融稳定性。应详细记录治理安排，以提供清晰直接的问责路径。必要时，可向参与实体、银行、所有者和公众提供这些记录文件。鉴于董事会负责管理程序和规则，记录文件应明确规定其职能，包括解决冲突。管理层应具备履行职责所需的适当经验、技能和诚信度。记录文件还应包括薪酬安排，以促进有效的风险管理。最后，应定期对证券结算设施的运行、功能、风险管理流程、内部和外部控制机制及账户进行审计。

标准3：全面风险管理框架

"证券结算设施应具备稳健的风险管理框架，全面管理法律风险、信用风险、流动性风险、运行风险和其他风险。"

正如标准2中提到的，证券结算设施应具有风险管理流程，以识别、分析、衡量、监测和缓解风险。风险管理流程应定期审查。证券结算设施应确保参与方承担的财务义务与其规模和开展的活动成比例。证券结算设施应激励参与方管理风险，对流动性风险等重大风险进行审查和处理。证券结算设施还应预先制订适当的风险恢复计划。

标准4：信用风险

"证券结算设施应有效度量、监测和管理其参与方的信用暴露及其在结算过程中产生的信用暴露。证券结算设施应以高置信度持有充足的金融资源，完全覆盖其对每个参与方的信用暴露。"

信用风险产生于结算流程。证券结算设施应建立一个稳健框架来管理当前和未来的信用风险敞口。证券结算设施应确定信用风险来自何处，并制定控制信用风险的缓解措施。在必要时，证券结算设施还应制定额外的风险控制措施。证券结算设施应设立处理信用损失的明确规则和程序，并在财务紧张时补充财务资源。

标准5：抵押品

"通过抵押品来管理自身或参与方信用暴露的证券结算设施，应接受低信用风险、低流动性风险和低市场风险的抵押品。证券结算设施还应设定和实施适当保守的估值折扣和集中度限制。"

证券结算设施应将资产限定为信用风险低、流动性风险低和市场风险低的资产，还应考虑政策对市场的广泛影响。应建立审慎的估价方法，以减少风险带来的不利定价影响。证券结算设施应使用设计合理、操作灵活的抵押品管理系统。

标准6：流动性风险

"证券结算设施应有效度量、监测和管理其流动性风险。证券结算设施应持有足够的所有相关币种的流动性资源，以便在各种可能的压力情景下，以高置信度实现当日、日间（适当时）、多日支付债务的结算。这些压力的情景包括但不限于：在极端但可能的市场环境下，参与方及其附属机构违约给证券结算设施带来的最大流动性债务总额。"

证券结算设施应设立一个稳健框架，来管理参与方、银行、结算代理人、托管人和其他实体带来的流动性风险。证券结算设施应使用有效的操作工具和分析工具，来识别、度量和监测资金流。证券结算设施应保持足够的资产性流动资源。在认识流动性风险方面应具有足够的信心，通过与中央银行账户、支付服务或证券服务相关联来实现。

标准7：结算最终性

"证券结算设施应不迟于起息日前，提供清晰、准确的结算。如果有必要，证券结算设施还应该在日间或实时提供结算。"

证券结算设施应规定以提供完整结算单来界定最后的结算为时点。证券结算设施应考虑在结算日采用实时全额结算（RTGS）或多批次处理。最后，证券结算设施还应规定在某个时点后参与方不得撤销未结算的款项。

标准8：货币结算

"证券结算设施应在切实可行的情况下使用中央银行货币进行结算。若不使用中央银行货币进行结算，证券结算设施应最小化并严格控制因使用商业银行货币而导致的信用风险和流动性风险。"

进行货币结算的目的是避免信用风险和流动性风险。若不使用中央银行的货币，证券结算设施应在减少和消除信用风险或流动性风险的前提下进行货币结算。这样做是为了减少因与商业银行的货币结算代理人签署法律文件而带来的信用风险和流动性风险。

标准 9：中央证券存管

"经营中央证券存管业务的证券结算设施应具有适当的规则和程序，以确保证券的完整性、最小化及管理与证券保管和转让相关的风险。中央证券存管业务的证券结算设施应以固定化或无纸化的形式来维护证券，并通过簿记方式转账。"

证券结算设施应遵循严格的规则和程序，提供稳健的会计实务，从而保障证券权利，防止在未授权的情况下创建和删除证券。证券结算设施应禁止证券账户的透支和借贷，并保护资产不受存管风险的影响。另外，证券结算设施还需采用额外工具来应对这些风险。

标准 10：价值交换结算系统

"若证券结算设施结算的交易涉及两项相互关联的债务（如证券或外汇交易）结算，应该通过将一项债务的最终结算作为另一项债务最终结算的条件，从而消除本金风险。"

证券结算设施作为价值交换结算系统，应通过最终结算来消除本金风险。证券结算设施应通过适当的货银兑付（DvP, Delivery versus Payment）、直接供应商交货（DvD, Delivery versus Delivery）或同步交收（PvP, Payment versus Payment）结算机制，将一项义务的最终结算与另一项义务的最终结算关联起来。

标准 11：参与方违约规则和程序

"证券结算设施应具有有效的、定义清晰的规则和程序来管理参与方的违约行为。这些规则和程序旨在确保证券结算设施能够及时采取措施来控制损失和流动性压力，并持续履行义务。"

正如前面标准中提到的，证券结算设施应设立有关应对参与方违约和资源补充等情况的规则程序，用以保证履行义务。在设立规则和程序后，应向所有参与实体和公众提供此类规则和程序并予以实施。最重要的是，利益相关方也应参与规则和程序的测试和审查。

标准 12：一般业务风险

"证券结算设施应识别、监测和管理一般业务风险，并持有或证明其在法律上可获得的足够的权益性流动净资产，以覆盖潜在的一般业务损失，从而确保其在潜在损失发生时能够作为经营主体持续运营和提供服务。此外，应确保流动净资产在任何时候都足以保障关键运营和服务得以有序恢复或停止。"

证券结算设施应拥有强大的风险管理系统，来识别、监测和缓解一般业务风险。一般业务风险可能包括财务损失、信用风险、流动性风险、负现金流、业务战略执行不力及运营费用过高。应保证优质的流动资源来应对一般业务风险。证券结算设施应维持可行的增资扩股计划。此类计划应由董事会批准，并定期更新。

标准 13：托管和投资风险

"证券结算设施应保障自有资产及参与方资产的安全，并尽可能降低这些资产的损失风险和延迟获取风险。证券结算设施的投资应限于信用风险、市场风险和流动性风险最低的工具。"

证券结算设施应将自身和参与方的资产托管在受监督和受监管的实体中，并设立健全的会计实务、安全保管程序和内部控制措施。此类实体还应考虑彼此之间的关系，从而评估面临的托管风险。

标准 14：运行风险

"证券结算设施应识别运行风险的内部和外部源头，并通过系统、策略、程序和控制措施来减轻其影响。证券结算设施的系统应具有高度的安全性和可靠性，并具备充足的可扩展性。业务连续性管理应以及时恢复运行和履行证券结算设施的义务为宗旨，包括在发生大范围或重大中断事故时。"

证券结算设施应致力于下述关键目标，从而解决运行风险。第一，证券结算设施应制定一个稳健的风险管理框架，以识别、监测和缓解运行风险。该框架应包含为实现目标所需的适当系统、策略、程序和控制措施。第二，董事会应明确界定处理运行风险的人员及责任，定期测试和审查相关政策。就跨境交易而言，证券结算设施在管理运行风险过程中，需要在各个相关司法管辖区的交易时段向参与方提供足够的运营支持。第三，证券结算设施应制订业务连续性计划（BCP），使其即使面对极端情形，也能在业务中断的当日结束前完成结算。此外，还应定期测试此类计划。第四，应强制开展应急测试，以处理运行压力。第五，外包组织和其他附属机构是证券结算设施不可分割的一部分，证券结算设施应确保业务符合多个司法管辖区的证券结算设施标准中关于弹性、安全性和运行性能的要求。

标准 15：准入和参与要求

"证券结算设施应具有客观的、基于风险的、公开披露的参与标准,支持公平和公开的准入政策。"

证券结算设施应确保以安全、开放的形式提供服务。参与相关服务的要求应与证券结算设施的具体风险相适应和成比例。证券结算设施还应持续监测参与要求的遵守情况,应将相关情况公开披露。

标准 16：分级参与安排

"证券结算设施应识别、监测和管理由分级参与安排产生的实质性风险。"

证券结算设施应确保其规则、程序和协议有助于收集间接参与的基本信息,以便识别、监测和缓解风险。证券结算设施应确定直接参与与间接参与之间的重大相互依赖性,因为此类关系可能影响证券结算设施。证券结算设施应定期审查分级参与安排引起的风险。

标准 17：与金融市场基础设施的连接

"与一个或多个金融市场基础设施建立连接的证券结算设施应识别、监测和管理与连接相关的风险。"

证券结算设施应识别、监测和缓解连接约定所产生的所有潜在风险源。连接约定应符合证券结算设施的标准,这意味着相关金融市场基础设施也应是稳健和合法的,应咨询中央银行做好风险管理。

标准 18：规则、关键政策和程序及市场数据的披露

"证券结算设施应具有清晰和全面的规则、政策和程序,提供充分的信息和数据,使参与方能够准确了解参与证券结算设施承担的风险。所有相关的规则和关键政策与程序都应公开披露。"

证券结算设施应向参与方明确披露所有的规则、程序和政策,包括对系统的设计和运作及对证券结算设施的权利和义务的清晰描述。证券结算设施应定期完成并公开披露对国际清算银行支付结算体系委员会(CPSS)和国际证监会组织(IOSCO)发布的《金融市场基础设施披露框架》的响应。

标准 19：监管报告

"证券结算设施应及时向储备银行通报其业务或环境方面的事件或变化,只要此类事件或变化可能对其风险管理或持续经营能力产生重大影响。证券结算设施还应定期及时向储备银行提供有关其财务状况和风险控制的信息。"

一旦发生数据泄露和风险等安全事件，证券结算设施应立即向储备银行报告，还应定期提供审计报告、管理账目、风险管理报告、定期活动及储备银行规定的任何其他信息。

7.5 可用的安全机制

金融市场基础设施的安全保障需借助某些安全机制和标准实现。本节将介绍保护金融市场基础设施的可用安全解决方案——X.800 安全机制和 NIST 标准。

7.5.1 X.800 安全服务

X.800 是国际电信联盟（ITU，International Telecommunication Union）在 1991 年发布的一个开放互联系统的安全体系架构。X.800 将安全服务定义为通信系统协议层所提供的服务，用于保证系统或数据传输的安全性（安全服务，2019）。在 RFC 2828 中，安全服务被定义为由系统提供的对服务进行保护的进程或通信服务（RFC 2828，2000）。X.800 安全服务提供的安全机制分为两种类型：特定安全机制和普适安全机制。图 7.3 展示了 X.800 安全服务的类型。

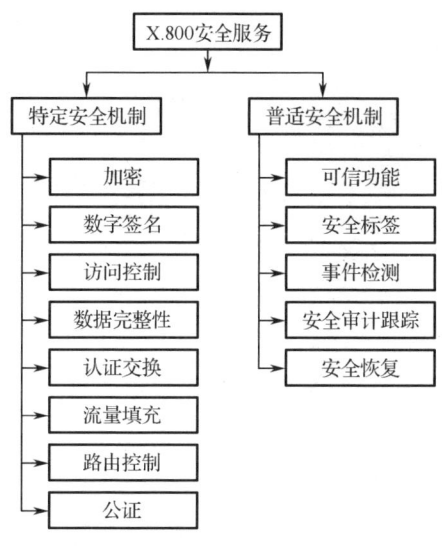

图 7.3 X.800 安全服务的类型

特定安全机制

特定安全机制针对特定协议层提供安全服务，共有 8 类特定安全机制。

加密：使用数学算法将数据转化为未经授权实体无法轻易解读的形式。利用一对密钥，为发送者加密数据，并为接收者解密数据。加密算法可以是对称加密算法，也可以是非对称加密算法。对称加密算法在发送者与接收者之间共享一个相同密钥，如图 7.4 所示，发送者使用加密密钥对数据进行加密，然后传输给接收者，而接收者使用相同密钥（称为解密密钥）在其终端解密数据。

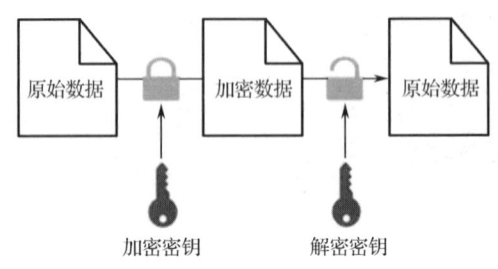

图 7.4 对称加密算法

在非对称加密算法中，加密和解密时使用不同密钥，如图 7.5 所示。每位用户都有自己的密钥对，包括一个私钥和一个公钥。私钥只为用户所知，而公钥是与其他人共享的。当发送者想发送数据时，他可以用接收者的公钥（加密密钥）对数据进行加密。在接收者收到加密数据后，可以用其私钥（解密密钥）来解密数据。

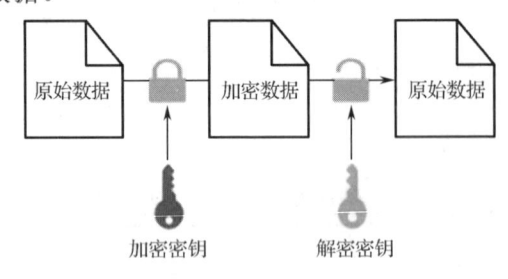

图 7.5 非对称加密算法

未授权者窃取通信中的数据后将无法解密数据，因为没有实际接收者的私钥。这种加密方式确保了数据的机密性。

数字签名：用于防止伪造企图。用户可在将文件发送给接收者之前对文件进行数字签名和加密。接收者若验证文件是由授权发送者签名的，则可接收该文件。这一做法确保了数据的完整性。图 7.6 展示了数字签名的原理。

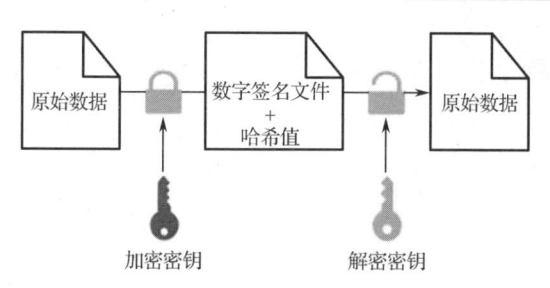

图 7.6　数字签名的原理

发送者利用哈希算法生成的哈希值和自己的私钥对文件进行签名。哈希值与经数字签名的文件一同发送出去。接收者在收到签名的文件和哈希值后，在其终端再次计算哈希值，以验证是否与收到的哈希值一致。然后，接收者使用发送者的公钥来解密签名文件。

访问控制：防止对资源的未授权访问。该机制可限制谁有权访问资源及在什么条件下可以访问资源，同时确保所有资源访问者均是经授权访问的。换言之，该机制使资源访问权更加清晰。访问控制包括两个主要部分：认证和授权。认证是一种用于验证人员身份的技术，旨在验证某个人的真实身份是否与其所声称的相同。认证本身并不足以保护数据，还需增加一层授权。授权决定了某个用户是否有权访问其请求的数据。

数据完整性：数据整体的准确性、全面性和一致性。该机制旨在保证接收者收到的数据与授权发送者发送的数据完全一致，确保数据在传输过程中没有被修改、丢失、篡改、删除或添加。数据完整性机制用于保护单个数据单元或单元中字段的完整性。

认证交换：通过信息交换来确认某一实体身份的机制。认证交换可分为强认证交换和弱认证交换。强认证交换使用密码技术来保护两方之间交换的信息，而弱认证交换不使用密码技术。一般来说，弱认证交换机制较易受到攻击（安全机制，2002）。

流量填充：在数据流中嵌入一些虚假数据或数据单元，以隐藏正在传输的数据，使拦截者无法解读数据。因此，流量填充机制只有在受到某种机密性服务保护的条件下才有效（安全机制，2002）。

路由控制：通过控制数据传输的路由，将数据转移到预先确定的不同替代路由上，以检测被动攻击。同样，携带某些安全标签的数据也会通过特殊路由进行传输（安全机制，2002）。

公证：公证机制利用受信任的第三方来保证数据的某些属性，如完整性、时间、来源或目的地。受信任的第三方以可证明的方式提供保证（安全机制，2002）。

普适安全机制

普适安全机制不专门针对某一协议层提供安全服务。普适安全机制与所需的安全级别直接相关。5 类普适安全机制如下：

可信功能：旨在扩大其他安全机制的范围或确定其他安全机制的有效性。任何提供对安全机制访问的功能，都可能被视为可信功能。

安全标签：指明了与系统资源相关的敏感性等级，与数据同时传输。安全标签可以是与所传输的数据相关的附加数据，也可以是隐含信息。

事件检测：用于检测明显违反安全性的行为。

安全审计跟踪：审计员会审查和检查系统记录，以查验系统控制措施实施运行是否充分，同时验证标准、运营政策和程序的合规性。安全审计跟踪旨在检测安全方面的数据泄露，并对策略、控制措施和程序提出修改建议。

安全恢复：可以接受来自不同机制的请求，并根据一系列预先定义的规则采取恢复行动。

7.5.2 NIST 标准

美国国家标准与技术研究院发布的特别出版物 NIST SP 800-95（安全 Web 服务指南）和 NIST SP 800-12（信息安全指南）是为所有组织提供安全指南的两大标准。金融市场基础设施可采纳这些标准，以确保其服务的安全性。

NIST SP 800-95 标准

NIST SP 800-95 为各类 Web 服务提供了基础标准，同时厘清了 Web 服务与安全性的关系。它提供了 Web 服务所适用的当前和新兴标准的实用指导。由于金融市场基础设施使用 Web 服务向客户提供服务，因此有必要讨论 Web 服务所遵循的面向服务架构（SOA，Service-Oriented Architecture）的安全性问题。如图 7.7 所示，Web 服务包含多个方面，如消息传递、发现、门户、角色和协调，而这些服务均由信用审核服务和利率服务提供支持。

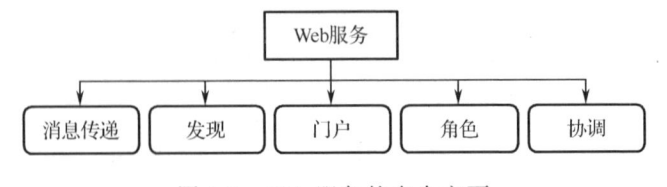

图 7.7 Web 服务的多个方面

消息传递服务在网络上以请求和响应的形式发送消息。Web 服务会在收到一个请求时采取适当行动,并做出响应。例如,在处理客户的贷款申请时,贷款服务会使用信用审核服务来确定利率服务。发现服务用于将新增服务绑定到现有系统中,并与之进行通信。以贷款举例,贷款服务在确定和使用利率前,需要发现一个评级服务,评级服务会提供关于银行利率的信息(Singhal 等人,2007)。

门户服务提供一个可读的 Web 界面,这是一个交互式图形用户界面,接受用户的输入,在后台处理请求,并在界面上返回结果。银行的 Web 门户为用户提供了使用网上银行服务的机会,用户通过登录银行账户,可执行转账或接收资金等相关活动。

一个 Web 服务涉及多种角色,如 Web 服务的请求者、Web 服务的提供者及中介者。当涉及多个提供者、多个请求者和多个中介者时,需要在不同组件间进行协调,才能提供 Web 服务。

安全要素:在了解 Web 服务后,必须弄清 Web 服务的安全要素。一个 Web 服务的安全服务依赖以下要素:

- 识别和认证:用于验证用户、进程或设备的身份。
- 授权:在系统所有者的授权下,定义计算机或资源的使用许可。
- 完整性:确保数据不会在未经授权的情况下被更改。
- 不可抵赖性:确保数据的发送者无法否认发送数据。
- 机密性:保护信息的访问和披露。
- 隐私性:通过遵守联邦法律和组织政策来维护隐私性。

Web 服务安全功能:NIST SP 800-95 标准列出了 Web 服务所面临的威胁和风险(Singhal 等人,2007)。如图 7.8 所示,Web 服务安全功能、标准和技术被用来提高 Web 服务的安全性。

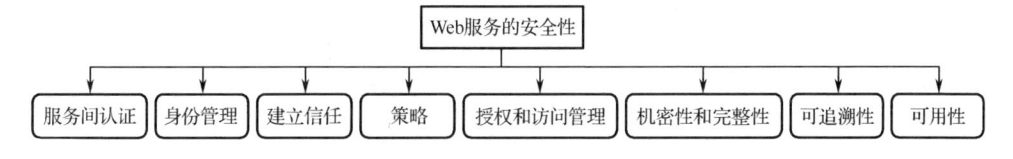

图 7.8 Web 服务的安全性

- 服务间认证:此类认证会限制对资源的访问,识别交易的参与方,并为信息赋予个性特征。通过使用各种方法进行服务间认证,如基于 HTTP 的令牌认证和安全套接字层(SSL)证书。令牌认证支持基于用户名、X.509 证书和 Kerberos 票据等多种认证标准的令牌(Singhal 等人,2007)。

- 身份管理：身份管理涉及与身份有关的事件、信息和文件，通过这些要素可对某一身份进行验证。身份管理系统负责验证实体的身份，进行登记，并签发证书。此类证书被称为实体的数字身份。用户注册需要满足若干安全准则。例如，希望访问电子商务网站的用户需要提供一个有效的电子邮件地址和信用卡号码。在取得数字身份后，可将其与组织的其他信息相关联。此外，不同组织有不同的认证问题处理策略。

- 建立信任：对大规模部署 Web 服务的实体而言，在远程 Web 服务之间建立信任是非常有效的。信任关系可以是直接的，也可以是成对的。直接的信任关系较易维护，而成对的信任关系是最紧密的关系形式。每个授权实体都需要与其他实体共享其信息。为此，每个实体都需要持有一份其他实体的证书或公钥的副本。这使得信任系统无法扩展。

- 策略：描述了系统中实体之间进行通信的方式，包括通信、消息传递、消息格式和其他相关信息等规则。策略还会定义断言规则，明确规定安全令牌的机密性、完整性及相关信息。

- 授权和访问管理：只允许授权用户访问资源。访问控制机制包括基于角色、属性和策略的访问控制机制。基于角色的访问控制机制将一组权限与一个特定角色联系起来，通过提供一个角色层次结构，简化访问控制。例如，开发人员、管理人员和访客被分配不同角色和权限，管理其任务并控制其对系统的访问权。基于属性的访问控制机制利用主体、资源和环境属性，分别确定主体、资源（Web 服务）和环境（操作、技术或情景）的特征。基于策略的访问控制是基于属性的访问控制的扩展，引入策略相关环境，并将重点放在强制性访问控制措施上。策略定义了执行功能的规则。

- 机密性和完整性：服务间交换的机密性和完整性将确保数据在传输过程中处于机密状态，不会被篡改。它使用端到端的安全协议，以安全方式传输数据，避免数据在传输过程中被泄露给未授权人员。

- 可追溯性：某个授权人员执行某一系列活动的责任。金融服务往往需要大量的审计，由于缺乏 Web 服务的审计标准，可追溯性无法在面向服务架构中得到有效实施。

- 可用性：确保 Web 服务持续正确运行，同时保障服务的可靠性和质量。

NIST SP 800-12 标准

NIST SP 800-12 标准提供了关于信息安全的详细见解，致力于保护信息和系统免受未经授权的访问、使用、披露、破坏、修改或销毁，以确保数据的机密性、完整性和可用性（Nieles 等人，2017）。该标准对保护各个组织的信息资产及其声誉而言至关重要。在网络战争中，若组织公开安全事件，则会对组织的盈利和声誉带来灾难性后果。因此，保护关键信息尤为重要。

在 NIST SP 800-95 标准中，信息安全策略的定义为："规定实体的正确或预期行为的声明、规则或断言。"这意味着，信息安全策略规定了正确的访问控制规则，以保护信息的机密性、完整性和可用性。信息安全策略定义了规则、条例、程序和准则，描述组织应如何管理、保护和分发信息。每个组织的管理决策差异很大，具体取决于为此目的而设计的策略。

信息安全策略包括 3 种类型：计划策略、特定问题策略和特定系统策略。计划策略用于制订组织的信息安全计划，指明资产安全措施及实施的方向。每个计划策略都包含目的、范围、责任和合规性，并为成功实施该策略后达到所期望的结果提供了清晰愿景。特定问题策略旨在解决组织中特定关注的领域。例如，致力于实现员工对系统的正确使用。特定问题策略会编写得非常清晰，以便每个员工都能理解。组织必须定期审查特定问题策略，这一点与计划策略有所不同。举例而言，特定问题策略包括有关互联网使用、电子邮件隐私、携带个人设备办公（BYOD，Bring Your Own Device）、社交媒体等策略。特定系统策略只针对一个特定系统。与计划策略和特定问题策略不同，特定系统策略并非广泛层面的，亦不涵盖整个组织。特定系统策略与特定问题策略的相同点在于它们都与特定技术或系统有关。

7.6 金融市场基础设施中各组成部分的安全性

显然，金融市场基础设施的组成部分都会存在漏洞，面临相关网络安全问题。本节将重点介绍金融市场基础设施中各个组成部分的安全目标类型。首先，金融市场基础设施面临多种金融风险，我们逐一列出了每项风险。然后，我们将每项金融风险与金融市场基础设施的各个组成部分进行映射，以了解其安全风险敞口。

7.6.1 风险

以下是金融市场基础设施所面临的财务风险：

- 系统性风险：由于参与银行之间存在相互依赖性，当银行无法按预期履行义务或履约时，就会产生系统性风险。这可能对金融市场基础设施造成不利影响。系统性风险可能导致交易或交付逆转、结算延迟及金融系统服务中断。此外，若一个参与实体的支付、清算和结算依赖于其他实体，那么任何实体的支付、清算和结算中断所带来的影响会扩散到更广泛的经济领域。在金融市场基础设施支付系统中，系统性风险是一种较为突出的风险。参与实体之间的相互依赖性可分为3大类：基于系统的相互依赖性、基于制度的相互依赖性和基于环境的相互依赖性（国际清算银行，2008）。在基于系统的相互依赖性中，金融市场基础设施之间是直接关联的，这种直接关联可能是纵向的（即，金融市场基础设施的不同基本组成部分之间的相互依赖性，如支付系统和交易报告库之间的相互依赖性），也可能是横向的（即，同一组成部分内的相互依赖性，如两个支付系统的相互依赖性）。在基于制度的相互依赖性中，金融市场基础设施与金融机构是间接关联的。最后，基于环境的相互依赖性包括物理基础设施和网络供应商等因素。支付系统最容易遭受系统性风险。
- 托管风险和投资风险：金融市场基础设施面临多种托管风险，包括因资产托管、金融欺诈、管理不善、记录保存不当和疏忽造成的损失。投资风险是指投资自身资源过程中因市场风险、信用风险或流动性风险而造成的损失。这些风险也会危及金融市场基础设施中风险管理系统的安全性和可靠性。在金融市场基础设施中，中央证券托管机构、中央对手方、证券结算系统和交易报告库容易遭受托管风险和投资风险。
- 流动性风险：参与实体缺乏充足的资金来完成交易，也可能是指卖方未收到资金，以及买方未按时收到产品。对金融市场基础设施而言，结算银行倒闭也是一种流动性风险。流动性风险可能会导致系统性风险。流动性风险主要存在于金融市场基础设施的中央对手方和证券结算系统内。
- 信用风险：造成信用风险的原因有很多，例如实体之间交易未结算、参与实体无法在规定时间内履行财务义务，以及结算银行倒闭。在实体相关交易未结算的情况下，金融市场基础设施可能面临重置成本风险，因为它需要以当前市场价格替换原始交易。信用风险普遍存在于金融市场基础设施的中央对手方和证券结算系统（金融市场基础设施风险，2007）。

- 法律风险：不同国家之间的金融交易须遵守相关法律条款和规定。若某项交易请求属于非法行为、涉及其他法律体系或许会推迟金融资产的回收，那么就会产生法律风险。不仅适用于国际交易的法律体系，还适用于不同司法管辖区的法律体系。在金融市场基础设施中，法律风险对中央对手方的影响最大。
- 运营风险：从该术语本身就能看出，运营风险来源于不负责任的数据和财务处理习惯。引起运营风险的若干常见因素包括错误的人为交易、数据丢失、信息泄露及信息系统缺陷。错误操作可能带来数据安全的内部和外部威胁、基于信息的管理系统故障、交易欺诈和不完整结算。在金融市场基础设施中，证券结算系统和交易报告库容易受到运营风险的影响。
- 一般业务风险：与金融市场基础设施开展的经营活动和管理活动有关。此类风险包括债务增加和业务增长下滑导致的财务损失，进而造成收入与成本曲线的不平衡。严重的财务损失可能带来声誉损失、其他业务损失、执行策略不佳及其他业务影响。若组织无法管理业务风险，就会导致运营风险和法律风险。金融市场基础设施的任何基本组成部分都可能存在一般业务风险。图 7.9 展示了金融市场基础设施的各组成部分所对应的财务风险类型。

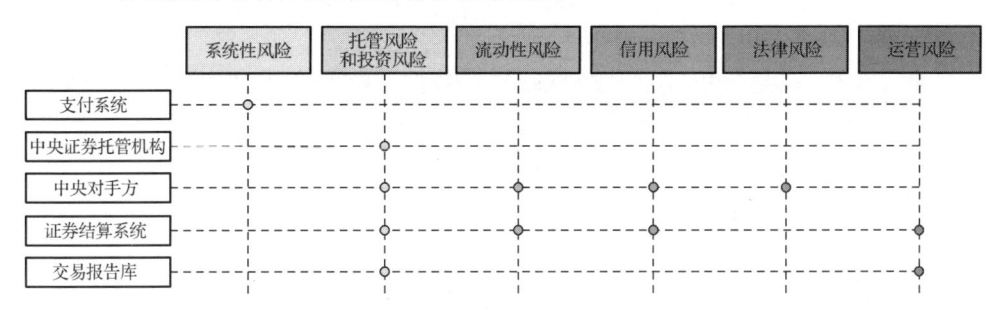

图 7.9 金融市场基础设施的各组成部分所对应的财务风险类型

7.6.2 金融市场基础设施各组成部分的安全目标

各类金融风险都容易导致机密性、完整性、可用性、可追溯性和真实性问题。在总结金融市场基础设施的安全问题的基础上，本节将金融市场基础设施所面临的金融风险与安全目标对应起来，从而厘清金融市场基础设施的数据安全问题。

系统性风险

- 参与实体之间的相互依赖性：系统性风险会导致整个公司瘫痪。当各参与实体依赖于彼此完成交易时，一旦交易因任何原因无法完成，就会引发可追溯性问题。

托管风险和投资风险

- 托管人所持资产的损失：从数据安全的角度看，金融市场基础设施中的资产包括与客户、参与实体、买方、卖方、货币交易及相关第三方实体的有关数据和信息。任何此类资产的损失都会引发机密性、真实性和数据可用性问题。
- 欺诈：金融市场基础设施中的金融欺诈是指可能对业务造成损害的非法货币交易。参与实体（买方和卖方）可能无法通过合法途径证明其身份。此类风险会引发真实性和完整性问题。
- 管理不善：管理层负责管理实体之间的财务结算和交易，若存在管理不善，则会被追究责任，可能引发可追溯性问题。
- 记录保存不当：可能导致信息或数据分类不完整。数据分类是指按照数据敏感性对数据进行标记的过程。数据被分为公开数据、机密数据、私有数据和受限数据。记录保存不当会给数据安全带来机密性和完整性问题。
- 疏忽：在某种程度上与数据处理、数据分类和记录保存有关，因此疏忽可能引发真实性和完整性问题。
- 将自身资源投资于市场：资源所有者将自身资源投资于市场是一件极具风险的事情，会带来可追溯性问题，因为资源所有者要对任何财务损失负全责。
- 信用风险或流动性风险：下面所述的流动性风险、信用风险和法律风险会带来所有安全问题。

流动性风险

- 资金不足：可能导致交易不完整，从而造成可用性问题。
- 卖方未收到资金：卖方在结算或交易中因任何原因无法取得数据或资金均视为构成可用性问题。此外，由于资金来源可能无法确定，即资金在划转过程中可能被篡改，因此也会引起机密性问题。
- 买方未收到产品：这里的产品是指参与实体之间交换的场外衍生品合约。如同卖方未收到资金一样，买方在结算或交易中因任何原因无法取得数据或资金均视为构成可用性问题。
- 结算银行倒闭：作为高等级的流动性风险，可能导致服务中断一段时间。管理层人员也应对此类情况负责。因此，该风险可能引发可用性和可追溯性问题。

信用风险

- 重置成本风险：发生在交易失败的情况下，相关责任实体将退还失败交易的成本。此类风险可引起真实性和机密性问题。
- 未结算交易：引发重置成本风险的根源，与之对应的是机密性和完整性问题。

法律风险

- 不同法律体系：与属于两个不同司法管辖区或法律监管区的参与实体开展的金融市场基础设施业务，可能引起可追溯性问题，因为不同法律体系对金融交易承担不同责任。
- 跨境交易：国际金融业务交易除了会引起 CIAAA 原则（定义见第 2 章）中的可追溯性问题，还会对信息的机密性和完整性构成风险。
- 金融资产回收延迟：因任何原因造成金融资产不可用都被视为构成可用性问题。此外，回收延迟也可能引起真实性问题。

运营风险

- 数据丢失：意味着数据不准确，可归结为完整性问题。
- 泄露：与数据丢失相同，信息泄露也可归结为完整性问题。
- 信息系统缺陷：信息系统负责使用中央报告库来处理数据、实体及转让交易。信息系统缺陷可能导致完整性问题。
- 容量不足：此类风险与可用性和完整性问题相对应，因为容量不足可能导致数据丢失。
- 内部威胁和外部威胁：利用软件系统（尤其是用于存储敏感数据的中央报告库）的漏洞，对数据的机密性、完整性和可用性造成损害。
- 管理失败：管理层负责全面管理工作，如做出决定、处理结算问题、转账和传输其他各类信息。管理失败会引起可追溯性问题。
- 人为错误：个人须对管理的各类数据或资产负责。人为错误会引起可追溯性问题。
- 欺诈：金融市场基础设施中的金融欺诈是指可能对业务造成损害的非法货币交易。参与实体（买方和卖方）可能无法通过合法渠道证明其身份。此类风险可引起真实性和完整性问题。
- 不完整结算：可引起真实性和机密性问题。

图7.10展示了不同类别的金融风险所对应的安全目标，进而总结出金融市场基础设施的各组成部分的安全目标。

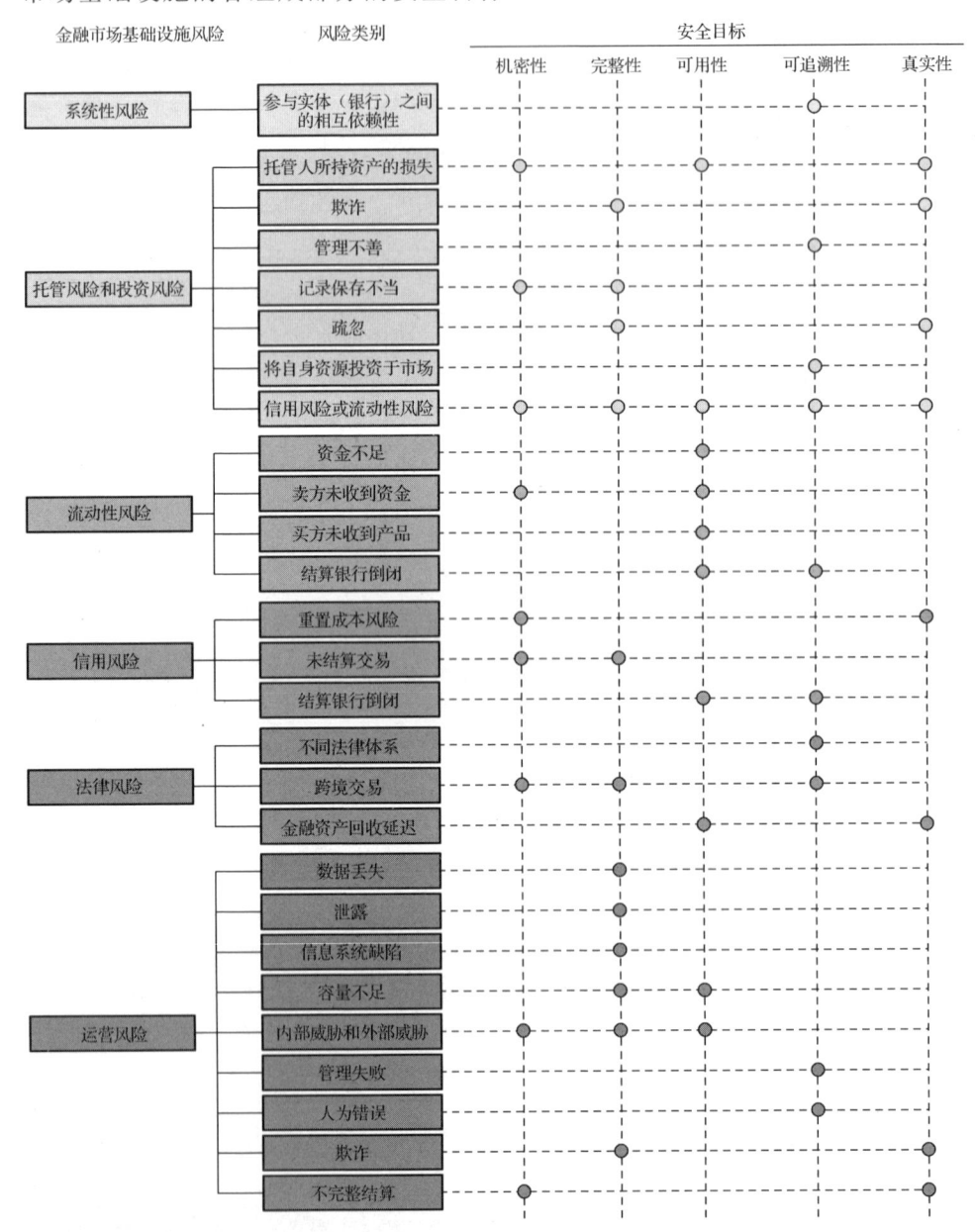

金融市场基础设施风险	风险类别	机密性	完整性	可用性	可追溯性	真实性
系统性风险	参与实体（银行）之间的相互依赖性			●		
托管风险和投资风险	托管人所持资产的损失	●		●		●
	欺诈		●		●	
	管理不善		●		●	
	记录保存不当		●			●
	疏忽		●			●
	将自身资源投资于市场			●		
	信用风险或流动性风险			●		
流动性风险	资金不足			●		
	卖方未收到资金			●		
	买方未收到产品			●		
	结算银行倒闭			●		
信用风险	重置成本风险			●		
	未结算交易			●		
	结算银行倒闭			●		
法律风险	不同法律体系	●			●	
	跨境交易	●			●	
	金融资产回收延迟			●		
运营风险	数据丢失		●			
	泄露	●				
	信息系统缺陷		●			
	容量不足			●		
	内部威胁和外部威胁	●		●		
	管理失败		●	●		
	人为错误		●	●		
	欺诈		●		●	●
	不完整结算	●				●

图7.10 金融市场基础设施的各组成部分的安全目标

最后，通过对图 7.9 和图 7.10 的综合分析总结了金融市场基础设施各组成部分与安全目标的全面对应关系。了解此类对应关系将有助于确保金融市场基础设施免受安全问题的困扰。

7.7 本章小结

本章详细解释了金融市场基础设施及其基本组成部分，识别了系统重要性支付系统的各种漏洞和中央对手方的安全问题，还介绍了可确保金融市场基础设施安全性的现有安全服务和机制。最后，本章还列出了金融市场基础设施各组成部分所对应的安全目标，从而确保金融市场基础设施的安全性。

金融市场基础设施遭受过各类对其基本组成部分具有破坏性影响的网络攻击，是金融科技机构中遭受网络攻击的最大受害者。金融市场基础设施面临多种类型的金融风险，且此类金融风险可能对其基本组成部分（尤其是支付系统）构成网络安全威胁。确保金融市场基础设施安全性对保护境内和跨境业务免遭破坏而言具有至关重要的作用。

金融市场基础设施处理的金融活动包括支付、财富管理、众筹、资本市场、股票市场和保险公司，涉及的参与方包括传统金融机构、金融科技初创公司和金融科技生态系统的金融客户。此外，政府也与金融市场基础设施密切相关，因为政府管理着跨境交易相关的标准、规则、准则和实践。简而言之，金融市场基础设施与金融科技生态系统中所有组成部分都密切相关。总体而言，本章解答了下述问题：

- 什么是金融市场基础设施？
- 重要性支付系统存在哪些漏洞？
- 中央对手方面临的网络安全问题有哪些？
- 有哪些现有的安全标准和服务可用于保护金融市场基础设施？
- 金融市场基础设施的不同组成部分分别面临哪些安全问题？

参考资料

第8章　金融科技网络安全策略和战略管理

网络攻击日益频发，造成的损失也与日俱增。为免受网络攻击的威胁，金融机构应制定网络安全策略和战略，设定监控经营场所网络活动的标准，设计预防措施和检测措施，并采取适当的措施来遏制这些活动。虽然各利益相关方对网络安全策略相关术语的理解有所不同，但是各方对这些术语及其相互关系达成普遍共识至关重要。

网络安全遵循"分层安全"方法，结合多种安全控制措施，提供"纵深防御"，监测、检测和挫败各类网络攻击。在构建完整的安全解决方案时，任何网络专家都不会只推荐单一的安全控制措施，因为每种安全控制措施都有局限性和适用边界。

了解资产、人员、业务目标、潜在威胁、灾难恢复计划、业务连续性计划和安全意识计划是制定网络安全策略和战略的基本要求。如果一家金融科技机构对自身资产和利用这些资产的潜在威胁一知半解，那么其制定的网络安全策略将不会发挥作用。网络安全策略需要与业务目标保持一致，这样即便发生网络安全事件，业务连续性也不会受到干扰。机构应对员工和用户进行网络安全教育，使其明白在工作时间内什么应该做、什么不应该做。机构中的每位员工，尤其是控制敏感信息的员工，必须了解自身职责和责任。

本章将全面介绍各类可以保护金融科技机构免遭恶意网络攻击的网络安全策略和战略。本章以作为网络防御基础的重要策略和战略为起始，以若干用于防范和预防网络攻击的必要措施为结尾。图 8.1 展示了本章所讨论的网络安全策略的概况。

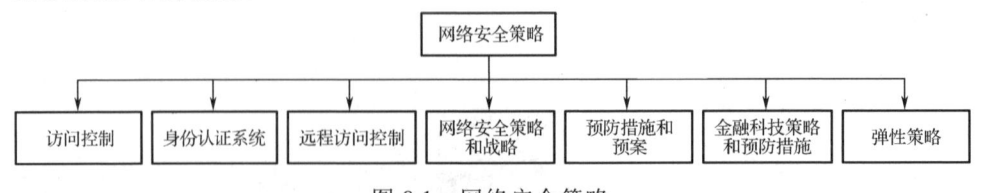

图 8.1　网络安全策略

8.1 访问控制

对资产的访问控制是安全核心主题提供的主要控制措施之一。访问控制可防止未授权人员访问某条信息。除了控制未授权访问，访问控制还能控制不同实体之间的访问关系。访问是指将信息从客体传递到主体。客体包括计算机和手机，而主体可以是任何用户。访问控制与安全 CIA 三要素有着密切关系，有助于确保只有授权人员才能访问客体（机密性），防止数据被未授权篡改（完整性），确保数据对授权人员可用（可用性）（Chapple 等人，2018）。

访问控制可实现多种功能，包括识别和验证用户对资源的访问，并确保访问是经过授权的。访问控制根据用户身份来授权和限制访问，并监控和记录所有尝试访问资源的行为。访问控制通常有 4 种类型：威慑访问控制、恢复访问控制、指示访问控制和补偿访问控制。

- 威慑访问控制：旨在阻止违反安全策略的行为。通常来说，威慑访问控制往往取决于个人决定采取的必要行动。威慑访问控制的示例包括策略、安全意识培训、锁、围栏、安全标识、警卫、陷阱和安全摄像头。
- 恢复访问控制：旨在出现违反策略的行为后修复或恢复资源、功能和能力。要做到这一点，通常做法是备份维护，并在出现违反策略行为后进行备份找回。恢复访问控制的示例包括备份和恢复、杀毒软件、数据库和系统镜像。
- 指示访问控制：旨在指导、限制和控制用户的行动，鼓励其遵守安全标准。指引访问控制的示例包括通知、指示板、监控、监督和程序。
- 补偿访问控制：主控制的一种替代方法。例如，若某一组织采用基于智能卡的场所门禁管理措施，而新入职员工在一段时间后才能拿到其智能卡。在这种情况下，组织可向新员工发放一个硬件令牌，以便新员工在拿到智能卡之前可暂时访问相关场所。

总体来说，访问控制还可分为 3 类：预防性访问控制、检测性访问控制和纠正性访问控制。预防性访问控制旨在阻止或防止未经授权的活动，例如使用围栏和锁来保护某个物理站点。威慑访问控制有时也可被归类为预防性访问控制。检测性访问控制旨在检测和识别不必要的或未授权的活动，要在活动行为发生后才会生效，如闭路电视或安全摄像头等。纠正性访问控制是指违反策略行为出现后，纠正环境，使系统恢复到正常状态。恢复访问控制一般被归类为纠正性访问控制。

8.2 身份认证系统

身份认证是指测试或验证用户的真实身份与其所声称的身份是否相符的过程，该过程需要用户提供额外信息以证明其身份。最常用的认证形式是口令认证。身份认证系统将用户输入的用户名和口令与数据库中的信息进行比对，以确定该身份是否验证通过。用户和系统对认证因素的保密能力反映了认证系统的安全性。

作为一种安全措施，身份认证系统通过要求用户提供除用户名和口令以外的额外信息，来保护数据和系统的安全。通过提供此类额外信息，用户可证明自己声称身份的真实性。使用此类额外信息进行身份认证的系统被称为多因素认证（MFA）。在多因素认证下，系统不容易受到弱口令等安全问题的影响。多因素认证将口令与外部验证信息（如用户注册服务所用移动设备上收到的PIN码或令牌号码）相匹配进行用户身份认证。一些重要的身份认证方法包括挑战问题、唯一标识项（如物理设备或外部应用程序）、生物识别技术（如视网膜扫描、指纹或面部识别），以及基于位置的身份认证。

身份认证系统是金融科技机构等处理敏感信息的理想之选。鉴于银行要处理信用卡数据和用户账户信息，因此需要通过身份认证系统，尤其是多因素认证，来确保用户账户的安全性。

身份认证系统具有多种优势，如支持多因素认证，确保系统口令免遭盗窃，提供离线认证服务，保障单点登录的安全性，以及管理用户。当前的身份认证系统除了简单的口令认证，还提供了更多样化的身份认证方法。下面列出了目前常用的各类身份认证方法（5种可防止数据泄露的身份认证方法，2019）：

- 基于口令的身份认证：最常用的身份认证方法。由小写字母、大写字母、数字和特殊符号组成的口令视为强口令。目前有各种用于创建强口令的规则，包括最小口令长度、口令更改频率及字符要求等。弱口令很容易被黑客攻击。此外，口令也容易被盗。事实上，很多用户会使用同一口令来管理多个账户，例如将同一口令用于银行账户和个人电子邮箱。若该口令被盗，则两个账户都存在被盗用的风险。
- 多因素认证：采用一种以上的方法来验证用户，例如采用口令和验证码的组合。多因素认证为用户账户的访问添加了一层安全保障。在某些情况下，用户在登录账户前需要回答几个挑战问题，而这些问题的答案是用户在注册时提供并存储在系统中的。
- 生物识别认证：每个人都拥有独一无二的生物特征，如视网膜、指纹、声音和面部特征等，这些特征既不会被窃取，也不会被入侵。因此，相比于口令认证和多因素认证，生物识别认证更加安全。而且生物特征可以和口令结合使用，以实现多因素认证。生物特征可以很容易地与数据库中的条目进行比对，以找到匹配信息。
- 基于证书的身份认证：数字证书可用于识别某个用户、系统或设备。数字证书是一种包含了用户数字身份的电子证书。其中包含由认证机构颁发的一个公钥。与该公钥相对应的私钥被安全地保存在用户那里。通过公钥和私钥的组合使用，用户可证明自身身份。
- 基于令牌的认证：该方法使用令牌（即经加密的随机字符串）来验证用户。用户只需要输入一次登录凭证，即可获得令牌，然后可反复使用该令牌。

8.3 远程访问控制

远程访问策略定义了组织外任何主机与组织内计算机连接的标准，旨在最大限度地减少金融科技机构资源被未授权使用而可能遭受的损害。此类损害包括机构的数据完整性、机密性、知识产权和关键内部系统的损失（信息安全策略，Jana Small Finance Bank，2008）。

金融机构的远程访问策略适用于与该机构有关的所有承包商、供应商、员工和代理人。根据远程访问策略，任何从远程站点访问服务的用户与其他在现场访问服务的用户享有同等特权（信息安全策略，2012）。为保障远程访问的安全，必须使用认证系统（如口令、多因素认证、生物特征、数字证书或令牌）严格控制访问权。建立对计算机的远程访问需要满足一定的要求，如确保系统采用标准的硬件配置和最新的防病毒软件，因为系统都可能存在某些被对手利用的软件漏洞（远程访问策略模板，2019）。任何无法满足远程访问政策中所要求的例外情况，都必须获得管理层的批准。

8.4 网络安全策略和战略

网络安全策略和战略的目的在于应对金融机构日益频发的网络攻击，响应复杂的网络威胁所带来的严重后果。社会的各行各业，如银行、医院、教育机构、企业和政府，都会使用技术。技术的频繁使用引发人们对网络间谍的担忧，正是这种担忧促使政策制定者要为即将到来的威胁做好准备。

网络安全策略旨在保护隐私、公民自由等基本原则，还提供了保护敏感信息和安全处理复杂交易的法规（Ciglic，2018）。正如第 4 章所讨论的，组织面临着越来越多的网络安全威胁，处于不断变化的网络安全威胁环境之中，因此需要权衡策略和战略，以强化网络安全。虽然网络安全策略无法解决国家层面和国际层面的所有安全问题，但是能为网络安全监管提供实用指南。

网络安全策略框架描述了重要的网络安全概念，例如保护系统和数据的互联，识别系统和资产等关键基础设施，制定保护信息系统的最低安全准则，参考 NIST 和 ISO/IEC 等国际信息安全标准，保护敏感信息免遭未经授权的访问，以及设计和实施安全控制措施，以规避、检测、模拟或尽量降低网络风险。图 8.2 展示了网络安全策略涵盖的主要工作。

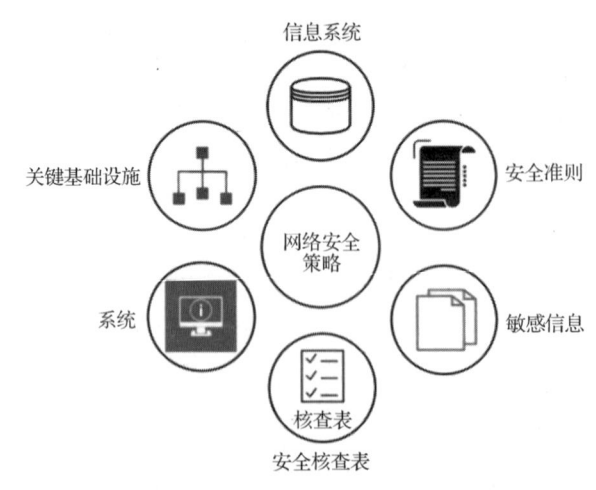

图 8.2 网络安全策略涵盖的主要工作

网络安全战略旨在实现三大任务：①建立和授权网络安全机构；②制定

和更新网络安全法；③制定和更新关键基础设施保护法。不论是国家层面还是国际层面的网络安全战略，其任务都是相同的。国家层面的网络安全战略简要描述该国家的愿景和任务以保护其关键基础设施，制定网络安全法以抵御网络安全威胁。国际层面的网络安全战略侧重于实现这一目标的国际标准。

网络安全战略给出有关威胁、漏洞及其潜在后果的清晰原则，并对各类网络威胁进行排序，以便优先处理最严重的威胁。与网络安全策略一样，网络安全战略也遵循实用方法，以基于成果为导向的实践为重点，旨在保护公民自由权和个人隐私（Ciglic，2018）。

8.5 预防措施和预案

网络安全演习在测试金融机构的预案和抵御网络威胁方面发挥着重要作用。这些演习有助于银行机构研究假设的网络威胁场景，制订网络威胁响应计划。此类演习还将使管理层和政策制定者认识到银行功能可能遭到的影响，找出当前响应策略中的不足，并演练在实时网络攻击情况下如何进行沟通（Maurer 和 Nelson，2020）。

此类演习也被称为桌面演习或渗透测试。演习活动的范围视各金融科技机构的基础设施、业务活动、关键信息和风险偏好策略而定。金融巨头会定期开展此类演习，以强化其网络威胁防御策略。每个演习都有不同的目标。下面列出了若干大型演习（Maurer 和 Nelson，2020）：

- 量子黎明：美国证券业和金融市场协会（SIFMA）于 2011 年首次举行了代号为"量子黎明"的金融演习。该演习模拟近期发生的各类网络事件。例如，在 2019 年爆发 WannaCry 勒索软件攻击，该演习模拟了勒索软件的攻击情境。演习后的经验教训有助于演习参与者获得更加清晰的视野。该演习最初由少数美国金融机构参与，但目前已涵盖全球 180 家金融机构。
- 支付系统网络攻击（CAPS，Cyberattack Against Payment Systems）：由金融服务信息共享和分析中心（FS-ISAC）与其成员机构所举办的一系列桌面演习。该演习有助于参与者做好针对其系统和流程的网络攻击的准备。
- 网络之星演习（Exercise Cyber Star）：由新加坡 11 家关键基础设施组

织机构举办的定期演习,旨在测试金融业和银行业的利益相关方的网络预案和响应能力。
- Raffles 演习:旨在测试金融机构的业务连续性和危机管理能力,模拟的情境包括银行和支付服务中断、交易混乱、数据失窃,以及社交媒体上谣言和虚假信息蔓延。
- 唤醒鲨鱼:模拟了英国境内发现的网络攻击事件。该演习的参与者包括金融市场基础设施供应商、金融监管机构、政府机构、大型金融机构和英国财政部。
- Hamilton 系列演习:由美国财政部牵头,旨在提高美国的网络安全响应能力,参与者包括私营机构和公共部门。
- 七国集团网络安全演习:该跨国网络安全演习由七国集团所包含国家的 24 家金融机构参与,以评估其在面对金融业网络攻击时的防御能力。

8.6 金融科技策略和预防措施

金融服务的数字化带来了数字数据的成倍增长,数据泄露风险随之增加。因此,金融机构对于保护数字数据免受未授权访问提出越来越高的需求。网络安全策略为加强金融机构的网络风险管理提供了文件化指导。支付系统、货币交易等重要金融服务和客户敏感数据是需要保护的核心要素。

网络安全策略旨在描述监管机构、政策制定者、监督委员会和服务供应商的网络安全原则,指导上述参与者与国际交易方进行合作,了解客户需求,实现服务的安全交付,管理内部风险,并记录从网络事件中吸取的教训(数字金融服务,2019)。此外,网络安全策略还促进网络卫生、用户教育,并限制网络安全事件的发生(Bouyon 和 Krause,2018)。本节将阐述金融科技机构如何制定有效的网络安全策略,以防范网络威胁。

8.6.1 建立和使用防火墙

防火墙是旨在防止以未授权形式连接专用网络的系统。防火墙管理、控制和过滤网络流量。通常,防火墙被部署于专用内部网络和互联网之间。没有防火墙的帮助,机构将难以防止恶意流量进入网络。防火墙依照一系列规则过滤流量,将合法网络流量与恶意流量或未经授权流量区分开。

防火墙可以是硬件、软件或两者兼有。硬件防火墙是指安装在机构内的物理设备,用于防止外网人员在未授权的情况下开展任何活动。硬件防火墙为整个网络提供广泛的保护作用。很多操作系统都会默认安装一个应用程序防火墙(以软件形式实现的防火墙),用于阻止对计算机系统的未授权访问。这类防火墙主要针对特定应用程序,防范以特定应用程序为目标的网络攻击。这两类防火墙在不同情形下相互关联(Chapple 等人,2018)。

防火墙可分为有状态防火墙和无状态防火墙。有状态防火墙会过滤网络连接的整体状态,并监测网络连接下的所有数据包。一旦收到任何恶意主机(由相关规则定义)发送的可疑数据包,就会丢弃该数据包。相反,无状态防火墙不关注整体网络连接,只关注单个数据包。无状态防火墙会基于源地址和目标主机线索,决定是否放行或丢弃数据包。还有一种被称为下一代防火墙的第三类防火墙,是一种多功能防火墙设备,具有多种安全功能,能够检测零日攻击。

防火墙只能作为网络安全解决方案中的一道屏障。我们不应该完全依赖防火墙,因为防火墙采用的是基于规则的预防策略。如果没有相应的规则,防火墙就无法阻止恶意流量进入网络。防火墙还存在单点故障隐患。如果组织完全依赖防火墙进行安全控制,那么一旦防火墙发生故障,整个组织将无法阻挡网络攻击。此外,大多数防火墙无法阻止或过滤恶意代码或病毒,这些需求由杀毒软件来实现。

8.6.2 安装和使用杀毒软件

杀毒软件会扫描所有应用程序、文件和设备,以检测任何已知的恶意活动,但杀毒软件无法有效防御未知的恶意软件或零日攻击。每个操作系统都自带杀毒软件。当下热门的杀毒软件包括 Microsoft Security Essentials、McAfee AntiVirus、Avast Antivirus、Trend Micro Antivirus、ESET NOD32 Antivirus、Sophos Antivirus 和 Symantec Norton Antivirus。除此以外,市场上还有许多其他杀毒软件。

杀毒软件采用基于特征的检测方法来识别系统中可能存在的病毒。因此,每个杀毒软件都有一个庞大的病毒特征数据库,便于在扫描系统后,检测出恶意应用程序或文件。若系统中发现病毒,杀毒软件会采取以下行动之一:

- 若病毒可被根除,则杀毒软件将对受感染的文件进行"消毒",并在系统中恢复这些文件。
- 若杀毒软件不知道如何对这些文件"消毒",则会隔离这些文件,以待管理员手动检查这些文件。
- 若杀毒软件中没有隔离策略,则会删除受感染的文件,以保持系统的完整性。

目前的杀毒软件产品很少局限于某种病毒,可同时检测和清除各类病毒和恶意代码,如蠕虫、木马、Rootkits、间谍软件、逻辑炸弹和许多其他形式的恶意软件。此外,杀毒解决方案提供商会定期向病毒数据库添加新的特征,用于检测最新识别出的病毒。因此,用户必须对杀毒软件进行补丁升级和版本更新。

8.6.3 删除非必要软件

非必要软件可能是用户有意安装的,也可能是随着合法软件一起安装到系统中的。非必要软件是指安装后用户不会再使用的应用程序和软件。考虑到非必要软件会占用内存空间,以及非法软件可能执行恶意活动等原因,我们无论如何都应该卸载计算机或手机上的非必要软件。

举例来说,银行木马是一类以银行机构为攻击对象的恶意软件,目的在于窃取网上银行交易过程中处理的保密信息。银行木马可能会嵌入用户在设备上安装的合法软件中,而用户并不知道该合法软件中包含木马病毒。在银行木马被安装到计算机系统之前,它都以合法软件的形式存在。一旦安装成功,它就可能在未经授权的情况下访问和窃取用户的文件和系统。更糟糕的情况是,银行木马可能会从用户的银行账户转走巨额资金。

还有一些软件和应用程序的安装并未经过用户的许可。这些软件伴随其他合法应用程序一起被下载。免费提供的正版应用程序经常捆绑着某些潜在非必要应用(PUA, Potentially Unwanted Application),这些应用程序有时也被称为潜在非必要程序(PUP, Potentially Unwanted Program)。当用户安装正版应用程序时,与之捆绑的 PUA 也会被自动安装到设备中。它们会以广告软件、间谍软件或抓包软件等形式实施恶意活动。看起来像弹出广告一样的 PUA 其实就是广告软件。PUA 会占用内存,减慢设备的运行速度,还会帮助其他 PUP 和间谍软件从目标设备中窃取敏感数据并将其发送给攻击者。因此,用户有必要删除电子设备上所有非必要软件。

8.6.4 禁用非必要服务

当下流行的某些操作系统会预加载已安装软件程序中的一些应用程序,

并将应用程序图标放在系统托盘中,从而缩短应用程序的加载时间,使用户能便捷访问这些应用程序。虽然这一做法看起来十分有用,但其实会占用大量的内存空间。如果禁用此类非必要服务,操作系统将以更快速度加载用户所需的应用程序。

某些后台运行的服务也会消耗系统内存,拖慢设备的运行速度。因此,有必要识别和禁用所有后台运行的非必要服务,将空间释放给必要服务。这种只启用必要服务的操作也被称为操作系统加固。

8.6.5 保护Web浏览器

Web 浏览器是计算机和手机上使用最频繁的程序之一,也是攻击者最爱攻击的对象。攻击者通常会窥探 Web 网络流量,实施利用并攻击访问设备。如今,Web 浏览器不仅用于访问网站,还用于支持视频、Web 表单、游戏和图像等形式的交互式 Web 内容。但是,此类交互使 Web 浏览器更易遭受各类基于网页的网络攻击。

要想确保网络浏览器的安全,最重要的措施是保持浏览器版本更新。所有主流 Web 浏览器开发商都会定期发布补丁,以修复当下的某些漏洞。一旦补丁发布,用户要及时更新补丁。用户还可以采取若干加固操作使攻击者难以针对 Web 浏览器发起攻击,例如禁用 Cookie,阻止弹出通知窗口,使用杀毒软件扫描和拦截文件,以及阻止弹出插件的自动安装和执行窗口(保护Web 浏览器,2019)。

8.6.6 应用更新和补丁

开发商定期发布的更新和补丁,可修复软件、应用程序或操作系统中已知或已识别的漏洞。软件版本更新具有以下好处:

- 修补安全漏洞,消除计算机故障,修复漏洞。
- 版本更新有助于修补攻击者喜欢利用的安全漏洞。黑客可以编写漏洞利用代码,利用未修复漏洞实施攻击。
- 补丁升级还可保护文件和信息。

8.6.7 使用强口令

口令是最简单的认证方法,但很容易出现被窃取的情况。攻击者发现窃取口令凭证非常简单。强口令可加大口令破解难度。因此，我们始终建议任何认证系统都要使用强口令。强口令具有以下特征：

- 最小口令长度限制。
- 包含大写字母和小写字母。
- 包含数字和字母。
- 至少包含一个特殊字符。

为确保口令安全，可遵照下述若干常见提示：

- 定期更改口令。
- 不要在多个账户中使用同一口令。
- 不要将口令写在纸上。
- 不要将口令告诉任何人。
- 避免在不可信的计算机或手机上输入口令。
- 不要将口令保存在 Web 浏览器上。
- 如果怀疑口令已被他人知道，立即变更口令。

8.6.8 访客和自带办公设备

自带办公设备（BYOD）是指允许员工将个人计算机和手机带到工作场所，并连接到组织网络的政策。该政策可激发员工的积极性，提高其工作满意度。开放式的 BYOD 政策允许员工将任何设备连接到组织网络，但并非所有访客或员工的设备都是安全的。这些设备中可能存在尚未修补的漏洞，从而被攻击者利用进行攻击。此外，一台设备上的恶意应用程序和软件可能会殃及组织网络内连接的其他设备。因此，这些政策会给组织带来安全风险。用户在签署 BYOD 政策之前，需了解此类政策的优势和后果。

8.7 弹性策略

网络安全风险不断加剧，使金融稳定性遭受日益严峻的影响。金融科技机构对分布式拒绝服务、数据泄露、勒索软件和网络诈骗等网络攻击事件并不陌生。这些对金融科技机构攻击的发起频率和影响程度远高于其他公司，这意味着金融科技机构无法避免网络攻击，也无法完全确保关键资源的完整性。

每个攻击者具有不同的动机、复杂的技术、先进的工具包，以及不同程度的专业知识，使得他们的背景无法预测。此外，网络安全策略的基本原则是"预测与保护"。综合以上两点考量，网络安全策略显然滞后于攻击者。因此，此类策略并不能完全阻挡或阻止攻击者的网络攻击。金融科技公司因需要处理大量资金业务，成为攻击者最喜欢的目标之一，这一事实足以证明金融科技机构的受攻击严重程度。

金融科技机构对数字化的日益依赖也成为一大隐患。数字技术的普及带来人们对技术故障、人为错误和自然灾害的担忧。对那些试图渗透和窃取有价值信息的攻击者来说，数字资产往往更具吸引力。数量空前且频发的攻击事件给网络安全专家带来了巨大挑战（杜邦，2019）。如需要进一步了解金融科技机构所见证的各类网络攻击，请参见第 4 章。

目前金融科技机构采取网络弹性策略，来有效应对自身遭受的网络攻击。网络弹性策略可帮助金融科技机构抵御网络风险带来的外部冲击，恢复自身业务，做出适应性调整，让组织知道如何应对不利事件，以及如何在这些不利状况下继续开展业务。网络弹性策略的基本原则包括规则简单、国际统一、基于原则、基于风险。此类策略在尽量降低风险的同时，使组织实现最大弹性（Maurer 和 Nelson，2020）。

金融科技机构的网络弹性政策的主要特点包括（第 6 期研讨会，2018）：

- 网络卫生：网络弹性策略的基本特征之一是网络卫生，即确保用户接受网络安全教育。网络中总会有一些软件缺陷和未修补的漏洞，一旦被攻击者利用，就会对机构造成严重破坏。网络弹性策略的主要关注点在于消除这些缺陷和未修补的漏洞。要想修补这些缺陷，组织应采取一项基本步骤——定期更新版本和安装补丁。此外，组织还应定期查找和修复计算机系统和网络中存在的漏洞。上述基本步骤将有助于防御各类网络攻击，降低网络风险发生概率。网络卫生是指人们应具备基本的网络安全技能和意识，并熟悉基本的信息技术工具和网络安全实践。
- 网络事件发生时间：威胁可能来自内部，也可能来自外部。高级持久性威胁可能会隐匿很长时间而不被发现。因此，机构可能满足于一种虚假的安全感之中，使他们更容易受到攻击。正因如此，机构应关注网络事件发生的时间。金融机构可能会在毫无预兆的情况下成为网络攻击受害者，因此需为各种类型的网络攻击做好准备。
- 运营和业务影响：网络攻击会影响信息系统，并对运营和业务造成极大影响。最严重的网络攻击可能导致系统性风险，引发整个基础设施的全面瘫痪，使组织无法实现业务目标。因此，组织在设计、规划和实施业务战略和策略时，必须考虑网络弹性策略。

8.8 本章小结

网络安全并非信息技术类问题,而是全公司范围内的安全问题。需要采用跨学科的方法和全面的安全策略和战略,才能解决网络安全问题。有效的网络安全策略和战略可确保组织内部良好的网络安全实践。本章全面介绍了各种旨在保护金融科技机构免受威胁性网络攻击的网络安全策略和战略。网络安全策略和战略会遵循基本的网络实践,对用户、员工和组织内人员进行网络安全教育,从而避免某些网络攻击。这些策略提供了广泛的网络安全实践介绍,从口令设置到网络攻击预测。

政府机构(金融监管机构和立法机构)为金融活动的开展制定网络安全政策,但网络安全政策无法确保整个金融科技生态系统的安全。总体而言,本章解答了下述问题:

- 金融机构为何有必要制定网络安全策略?
- 网络安全策略主要涵盖哪些领域?
- 网络安全策略将如何帮助金融机构预防网络攻击?
- 可采取哪些网络安全实践来防范网络攻击?
- 网络弹性策略在预测和防范网络攻击方面可发挥多大作用?

参考资料

第 9 章 金融科技网络安全框架设计

网络安全框架包含一系列准则、标准和实践，用于管理大量复杂的网络威胁所带来的网络风险。网络安全框架会优先选用可重复、灵活且经济高效的方法，来防御网络威胁并提高组织的网络弹性。金融机构必须了解网络安全框架的重要性。

多年来，网络威胁风险呈现空前涨势。值得注意的是，网络安全让金融机构受益匪浅，不仅实现了业务增长、投资回报增加、风险降低，维持了业务目标与信息技术的一致性，还增强了金融机构对网络攻击的弹性。

金融机构在了解网络安全框架的重要性后，下一个重要问题是确定选用哪种网络安全框架。网络安全框架的种类繁多，对特定金融机构而言，只有满足其业务需求的框架才是最佳网络安全框架。除此以外，金融机构还可根据定制化的要求，设计自身的网络安全框架。

本章介绍了设计金融科技领域网络安全框架的 5 大主要技术性见解，从而为金融行业设计全面的网络安全解决方案奠定基础。本章将介绍可供金融机构参考的现有标准框架，以识别网络安全漏洞和威胁，保护机构资产和关键信息系统，检测内部和外部网络威胁，应对网络安全事件，并在发生网络安全事件后恢复信息系统。

9.1 通用网络安全框架

网络安全框架为私营组织评估和提高其预防、检测和应对网络攻击的能力提供计算机安全指导，有助于组织在快速增长的网络威胁形势与实现业务目标的需求之间进行平衡。网络安全框架具有双重功能：解决风险和支持业务。根据美国国家标准与技术研究院（NIST）提供的统计数据（网络安全框架，2020），在 2012 年美国没有任何一家组织采用网络安全框架，但 2015 年采用网络安全框架的组织增长到了 30%，该数值未来还将继续增长。

网络安全框架通过资产评估、威胁识别和人员培训防止网络攻击，并指导各组织如何保护其重要信息系统和资产免受内部和外部威胁。金融机构的对手可能会利用多种威胁发动网络攻击，造成破坏性结果。有关网络威胁、漏洞和风险的详细介绍，请参见第 4 章、第 5 章和第 6 章。

本节介绍在设计金融科技网络安全框架时需满足的重要要求。以下各小节将对这些要求进行深入探讨。

9.1.1 确定信息技术范围

设计金融科技网络安全框架的首要要求是确定信息技术的范围。设计框架应考虑到金融机构所处理的所有信息资源。以银行为例，其处理的信息资源包括客户信息、付款、资金转账、网上银行、手机银行和信用卡数据。网络安全框架需同时确保静态存储和动态传输数据的安全性。这意味着，网络安全框架不仅要保护以用户个人信息（如信用卡信息和银行账户信息）为代表的静态存储数据的安全性，还必须保护以付款、货币交易和资金转账为代表的动态传输数据的安全性。

对任何金融机构而言，信息技术都发挥着巨大作用，因为信息技术被用来管理数据、信息系统、资产库存、客户关系、付款、中央存储库等。在设计网络安全框架的过程中，信息技术的作用不容忽视。事实上，信息技术被置于网络安全框架的核心位置。金融行业利用信息技术管理数字数据，支持网上银行和在线支付系统，维护存储客户信息的中央数据库，处理证券结算文件，并建立参与实体之间的关联关系。以上活动仅为信息技术用途的代表性子集。有关众多其他活动的详细介绍，请参见第 7 章。

9.1.2 确定信息和资产的价值

设计金融科技网络安全框架的第 2 个重要要求是确定信息和资产的价值。每一项资产都是有价值的，无论其上升幅度多大，都会使组织的整体资产价值增加。资产可分为有形资产和无形资产。金融机构应列出那些可为企业增加财务价值的资产清单。金融机构持有的一些常见资产包括现金流、客户存款、用户账户、保险、商标、版权和专利。接下来，金融机构应编制资产负债表，即计算总支出和收入，以呈现完整的现金流细节。在编制完资产负债表后，应将所有资产相加，计算出资产总额。

9.1.3 确定网络安全威胁等级

设计金融科技网络安全框架的第 3 个要求是确定网络安全威胁的等级。网络安全威胁是指破坏、窃取或扰乱数据的一切恶意行为。金融机构面临着来自不同威胁源的多种网络安全威胁。金融科技的全面网络安全框架可识别金融机构所面临的潜在威胁,并对这些威胁进行优先级排序,优先缓解那些等级较高的威胁。网络安全框架不仅包括抵御网络威胁的基本对策,还会收集威胁情报信息,以识别、分析和预测未来的网络威胁。

9.1.4 人员筛查和内部威胁

设计金融科技网络安全框架的第 4 个要求是了解内部威胁。金融机构通常会对外部威胁制定预案,但往往会忽视内部威胁。内部威胁是指对金融机构造成财务或声誉损失的内部人员或雇员,因此内部威胁源于目标组织内部。除了现任员工,内部威胁也可能产生于前任雇员、商业伙伴、顾问或董事会成员之中。

网络安全框架会制订内部威胁防御计划用于监测用户活动,例如数据源中包含的电子邮件和文件等。网络安全框架不仅可以识别和查明敏感信息文件的位置,还会控制信息访问权,即哪些人员可凭哪些权限访问哪些信息。为维持权限,网络安全框架必须对资源实行最低权限访问控制。最后,网络安全框架还会进行安全分析,就任何异常行为发出告警。

9.1.5 网络安全意识和培训

设计金融科技网络安全框架的第 5 个要求是为组织人员制订网络安全意识和培训计划,旨在让用户有意识地提防可疑电子邮件和网络钓鱼攻击,同时对用户进行网络安全教育,避免在无关表格中填写透露个人身份信息(如出生日期和社保号码)。此外,该计划还应传授与点击电子邮件中的恶意链接或访问可疑网站有关的知识。关于网络安全意识的更多详情,请参见第 5 章。

广告软件、勒索软件和拒绝服务等类型的网络攻击对金融机构构成了严重的安全威胁。这些威胁以用户为目标,向其提供免费礼品、代金券和旅游大奖等虚假优惠。一旦用户点击虚假广告,就会跳转至恶意网站。在严重的情况下,这些恶意软件样本还会加密用户关键信息,要求用户支付赎金。

网络安全意识计划有助于用户了解如何应对网络钓鱼和社会工程学等隐蔽式网络攻击。此类计划使人们意识到哪些行为会产生漏洞，以及如何应对威胁，确保网络安全。

9.2 现有标准框架

鉴于网络安全框架的重要性，本节将介绍现有的标准网络安全框架。

9.2.1 美国国家标准与技术研究院发布的网络安全框架

美国国家标准与技术研究院（NIST）发布的网络安全框架（CSF，Cybersecurity Framework）是为美国私营组织提供的一个重要框架，其包含 5 大核心功能：识别、保护、检测、响应、恢复。图 9.1 展示了美国国家标准与技术研究院网络安全框架（NIST CSF）的核心功能。它是一个循环框架，从第一步开始，到达最后一步后，会再次重复第一步，以此类推。

图 9.1 美国国家标准与技术研究院网络安全框架的核心功能

这 5 大功能是该框架的 5 大支柱，支撑着网络安全框架，有助于组织确认自身网络安全风险管理是否达到了较高水平，同时促成风险管理决策（5 项功能，美国国家标准与技术研究院网络安全框架，2020）。以下各小节将详细讨论这 5 大功能。

识别

该框架的第 1 项功能在于识别与系统、资产、数据和能力相关的网络安全风险，有助于促进管理层对网络安全的理解。该功能所执行的活动清单如下（美国国家标准与技术研究院网络安全框架核心的解释，2020）：

- 资产管理：识别组织内的硬件和软件资产，制订资产管理计划。
- 漏洞管理：识别资产漏洞、组织面临的外部和内部威胁，以及风险响应活动。
- 治理：识别网络安全策略，制订信息安全治理计划。
- 风险管理：识别风险管理战略，并为组织设定风险偏好限度。
- 供应链管理：识别供应链管理策略，支持与管理供应链风险有关的风险决策。
- 业务环境：识别组织的业务环境，为供应链和关键基础设施部门提供支持。

该步骤中的识别功能为网络安全框架的后续步骤奠定了基础。总体而言，该步骤识别了组织所拥有的资产、所面临的风险，以及使网络安全框架与业务目标保持一致的方法。

保护

该框架的第 2 项功能描绘了用于确保服务安全交付的各种保护措施，并限制网络安全事件带来的影响。具体而言，保护功能执行下述活动（2020 年如何遵守美国国家标准与技术研究院网络安全框架的 5 项功能，2020）：

- 身份管理和访问控制：此功能主要保护组织内部的身份管理和访问控制。身份管理是指验证试图访问资源的用户身份。访问控制包含对资源的物理访问和远程访问。有关身份管理和访问控制的解释，请参见第 8 章。
- 用户意识和培训：通过培训，使员工了解组织中的网络安全问题和实践，提高网络安全能力。
- 数据安全：建立符合组织风险策略的数据安全保护机制，保护信息的机密性、完整性和可用性。
- 信息保护：实施信息保护流程和程序，维护管理资产和资源。
- 组织资源：通过维护活动，保护组织资源。

该步骤帮助组织保护敏感信息，支持网络安全风险管理决策，应对威胁，并改进相关活动。

检测

网络安全框架的检测功能旨在制定和实施适当的活动，以识别网络安全事件。具体而言，检测功能执行如下活动（5 大功能，美国国家标准与技术研究院网络安全框架，2020）：

- 异常和事件：确保及时检测出异常和安全事件，分析其潜在影响，采取适当行动。
- 监测：监测安全事件和信息系统，以检测任何恶意活动。
- 检测：对程序和流程进行设置和测试，精确检测安全事件，维持这些流程对异常和事件的感知。

响应

响应功能包含组织在检测出网络安全事件后应采取的行动事项。具体而言，响应功能执行如下活动（美国国家标准与技术研究院网络安全框架核心功能的解释，2020）：

- 响应计划：拟定安全事件发生期间和之后应遵循的程序。
- 分析：分析拟定的程序，支持取证分析等恢复活动，同时确定安全事件的影响。
- 缓解：采取缓解措施防止安全事件的扩大，并尝试解决安全事件。
- 改进：编写有关经验教训的文件，指明当前拟定的程序和流程存在哪些不足。对这些不足之处进行分析，找到改进当前响应活动的方法。

恢复

恢复功能是该框架的最后一项功能，确定了维护网络弹性策略的计划和安全事件发生后恢复受影响流程所需采取的行动。简而言之，恢复功能致力于通过恢复日常运营来减少安全事件的影响。恢复功能执行如下活动（5大功能，美国国家标准与技术研究院网络安全框架，2020）：

- 恢复计划：确保恢复计划程序和流程的运行，以恢复受网络安全事件影响的系统和/或资产。
- 沟通：在安全事件发生期间或之后，协调内部和外部沟通，以确保妥善恢复。
- 改进：编写有关经验教训的文件，指明当前拟定的程序和流程存在哪些不足。对这些不足之处进行分析，找到改进当前恢复活动的方法。

9.2.2 联邦金融机构检查委员会

联邦金融机构检查委员会（FFIEC，Federal Financial Institutions Examination Council）是在美国国家标准与技术研究院网络安全框架（NIST CSF）的基础上组建起来的，该委员会开发了网络安全评估工具［数字金融服务（DFS），2019]，旨在帮助金融机构识别风险，确定网络安全预案。为应对日益频发而复杂的金融机构网络攻击，该工具于2017年公开发布。该工具提供了可重复评估机构网络安全预案的衡量方法。目前，该方法受到了金融机构（尤其是银行）的高度推崇和广泛采用。

该评估流程分为两个部分。第一部分旨在识别内在风险状况，确定机构与网络威胁相关的内在风险。第二部分旨在衡量机构的网络安全成熟度，即该机构在网络安全方面预案的合理性（网络安全评估工具，联邦金融机构检查委员会，2017）。组织应定期完成评估，以便能够进行有效的风险管理。图9.2展示了网络安全评估流程。

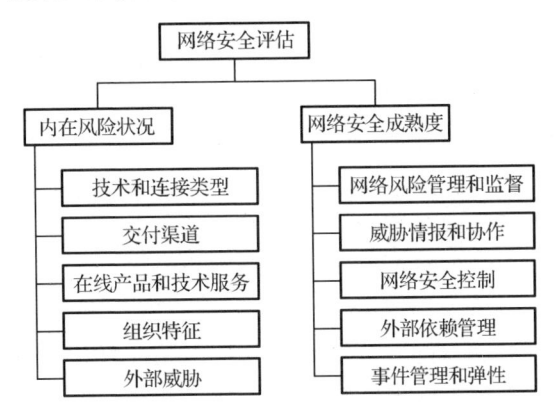

图 9.2 联邦金融机构检查委员会开发的网络安全评估流程

内在风险状况

识别内在风险状况是指识别下述类别的活动、服务和产品情况（网络安全评估工具，联邦金融机构检查委员会，2017）：

- 技术和连接类型：某些技术、服务和产品可能因其复杂性而构成较大的内在风险。该类别包括各种互联网服务提供商（ISP）和第三方连接。第三方连接还包括外包服务、各类不安全连接、云服务和私人设备。
- 交付渠道：该类别表明产品和服务是否通过在线或移动渠道交付。与技术和连接类型一样，交付渠道也会因服务和产品的性质而带来内在风险。
- 在线产品和技术服务：该类别包括支付服务（如借记卡和信用卡）、Interac e-Transfer 电子转账、零售电汇、自动清算所和代理银行业务，同时还考虑该机构是否向其他组织提供技术服务。
- 组织特征：该类别会考虑组织特征，如合并和收购、直属雇员和网络安全承包商的数量、安全人员的变化、具有访问特权的用户数量、信息技术（IT）环境的变化、业务分布地点，以及运营中心和数据中心的位置。
- 外部威胁：网络威胁的数量、复杂性和类型会影响组织的内在风险敞口。

网络安全成熟度

在确定组织的内在风险状况后，接下来计算下述领域的成熟度：
- 网络风险管理和监督：明确董事会的监督责任、管理层的发展和制订网络安全策略的实施计划，同时为企业建立问责制和有效的网络安全计划。
- 威胁情报和协作：获取分析关于识别、分析和预测网络威胁的相关信息，包括有效发现、分析和理解网络威胁的流程，以及与内部和外部各方分享威胁信息的流程。有关威胁情报的更多详情，请参见第 4 章。
- 网络安全控制：通过持续监测和保护措施来强化组织的安全态势，用于保护资产、资源和信息的各种实践和流程。
- 外部依赖管理：针对所有可获取组织资源的外部依赖关系（包括第三方供应商），建立和维护一个全面的观察和管理计划。
- 事件管理和弹性：建立、识别和分析网络事件，并按照网络事件的严重程度进行排序，优先缓解严重事件。网络弹性是测试组织在应对未来网络攻击方面的准备情况。

9.2.3　国际清算银行支付、市场基础设施委员会和国际证监会组织

国际清算银行（BIS，Bank for International Settlements）支付和市场基础设施委员会（CPMI）联手国际证监会组织（IOSCO，International Organization of Securities Commissions）理事会，于 2016 年 6 月制定了一份名为"金融市场基础设施网络弹性指南"的文件（简称"网络指南"）。该网络指南适用于金融市场基础设施，如负责清算结算系统工作及保存结算和货币交易记录的重要机构（数字金融服务，2019）。

该网络指南立足网络安全原则识别动态性网络威胁，强调网络安全不仅限于信息技术，还包含更多工作，建议金融机构建立一个原则性框架和一个信息技术网络安全框架，来保护自身免受网络攻击。

9.2.4 欧洲中央银行金融市场基础设施的网络弹性监管期望

欧洲中央银行（ECB，European Central Bank）在参考 NIST CSF、联邦金融机构检查委员会评估工具及 CPMI-IOSCO 指南文件等一系列国际指导框架的基础上，于 2018 年发布了关于对金融市场基础设施的网络弹性监管期望（CROE）。CROE 的主要目标是通过遵照 CPMI-IOSCO 指南文件来评估网络安全框架。

欧洲中央银行发布的 CROE 是一份重要文件，它搭建了沟通 CPMI-IOSCO 和 NIST 两家规定要求之间的桥梁。CROE 不是网络安全框架，而是相关机构开展监督使用的工具。它以评估工具的形式对组织实施监管，以评估组织的网络安全状况（数字金融服务，2019）。

9.2.5 金融服务业协调委员会网络安全框架

美国金融服务业协调委员会（FSSCC，Financial Services Sector Coordinating Council）组建于 2002 年，由美国具有代表性的金融机构组成。该委员会与美国政府机构合作，致力于保护金融业关键基础设施免遭网络攻击。其网络安全框架在很大程度上以 NIST CSF 及 CPMI-IOSCO 指南文件为基础。

9.2.6 互联网安全中心：CIS 20 大控制措施

鉴于 CPMI-IOSCO 指南文件建议金融机构需要一个原则性框架和一个信息技术网络安全框架，若干金融机构非常重视"CIS 20 大控制措施"，并将其作为信息技术网络安全框架示例之一。互联网安全中心（CIS，Center for Internet Security）是美国一家非营利性组织，它采用自下而上网络安全方法，而不是自上而下的方法（即基层管理人员按照最高管理层制定的标准开展工作）。互联网安全中心提出了 20 项网络安全控制措施和准则，以帮助大多数金融机构解决网络安全需求（数字金融服务，2019）。

9.3 本章小结

本章详细介绍了金融机构如何设计一个全面的网络安全框架，强调了构成网络安全框架基础的基本要求，用以保护金融科技生态系统。在了解了必要的信息后，本章还介绍了金融机构可用的相关网络安全框架。这些框架可用于指导金融机构识别漏洞、资产和威胁，保护关键基础设施，检测网络安全事件，应对网络安全事件，以及从网络安全事件中恢复。总体而言，本章解答了下述问题：

- 网络安全框架的重要性体现在哪里？
- 设计一个网络安全框架的主要要求是什么？
- 目前有哪些金融机构可用的标准网络安全框架？

参考资料

第 10 章 结　　语

在过去的几十年里，互联网技术的进步带来了金融业的蓬勃发展。金融科技通过支持人工智能、区块链技术、数字身份、无现金钱包、电子商务、银行业务、机器人技术、社交媒体和大数据分析等应用广泛占领了市场。金融科技革命不仅影响了金融巨头，还吸引了众多初创公司。自金融科技首次使用以来，金融商业流程和模式不断发生巨变。金融科技凭借新兴技术构造的核心功能，确立了自身地位。

金融科技是传统与现代金融机构的融合，它将作为电子货币交易基础的现代数字支付方式整合到传统银行业务中。但是，金融科技的不断普及也引发了越来越多的网络攻击，金融稳定性受到威胁。这些网络攻击正成为金融机构的巨大隐患。数字世界虽然为金融业带来了全新机会，同时也给金融市场基础设施带来了网络攻击危险。

对金融科技发起网络攻击的主要动机是破坏敏感数据，扰乱基本服务，降低金融稳定性和实施政治性活动。从多起大型网络事件中可以看到，网络攻击已将国家间的真枪实弹转变为网络战。就金融业而言，这些网络攻击会造成灾难性的后果。攻击者不仅会窃取信息，还会滥用信息实施更严重的网络攻击，如分布式拒绝服务、勒索软件、网络钓鱼和恶意软件等。

由于金融科技行业越来越依赖电子数据和新兴技术，因此金融科技公司对数据的安全性越发关注，它引入了网络安全风险管理，旨在识别系统中的漏洞，分析与漏洞相关的威胁和风险，制定若干风险缓解措施，以减少网络攻击对金融业的不利影响。

本书所讨论的各类网络安全管理问题清单，如图 10.1 所示。本书重点介绍了金融科技机构所面临的主要网络攻击，并利用这些数据识别潜在网络安全威胁及能被这些威胁利用的相关漏洞。基于这些漏洞和网络安全威胁，本书强调任何组织都需要构建一个网络风险管理模型，以识别、评估、分析、评价和缓解金融科技行业所面临的网络安全风险。我们对比了现有风险分析模型，并根据已识别的网络安全威胁提出了若干网络安全风险缓解措施。

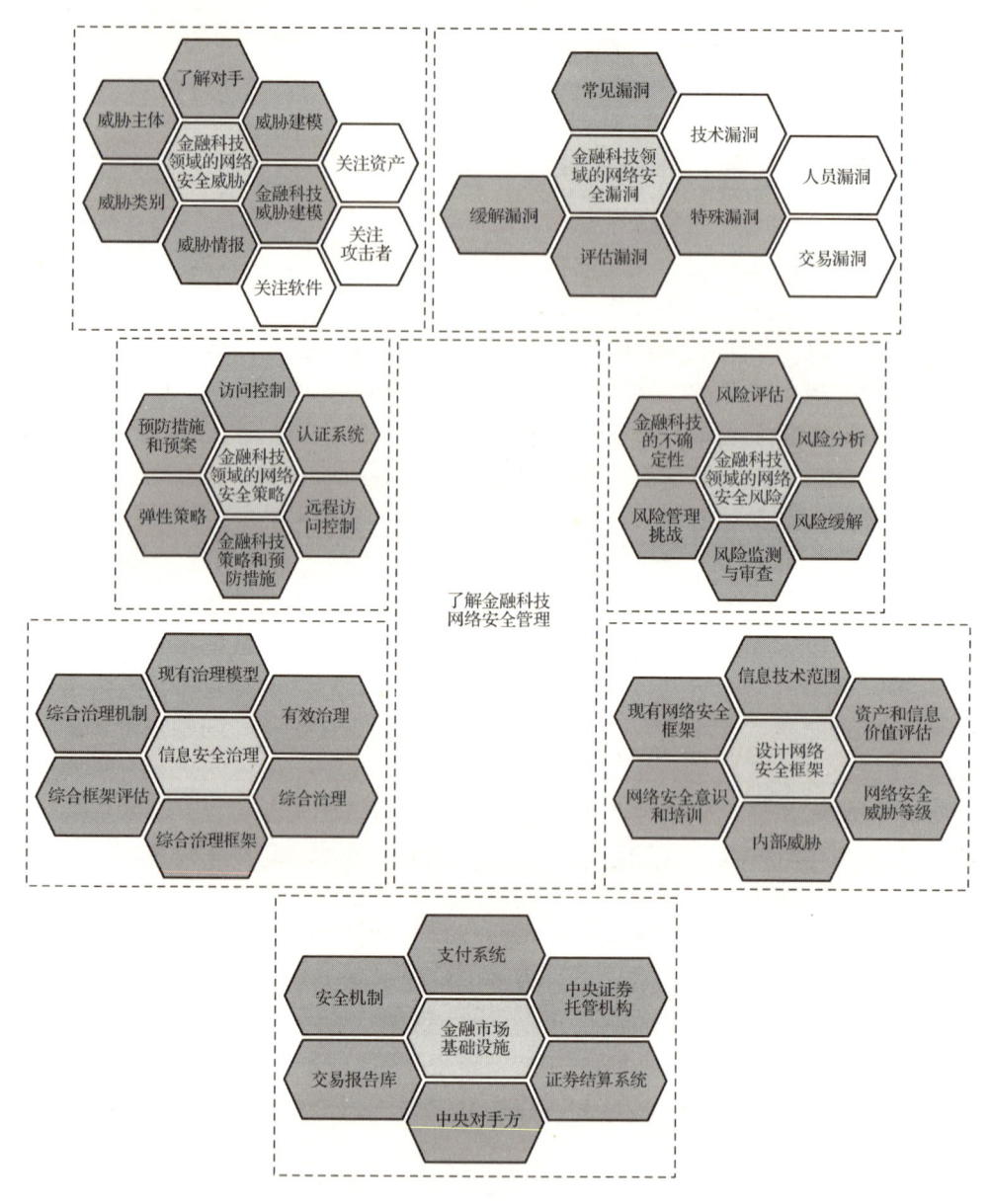

图 10.1　本书所讨论的各类网络安全管理问题清单

本书提出了金融科技领域网络风险管理框架中的主要挑战及尚待解决的问题。此外，本书还介绍了金融科技行业的 3 类不确定性，并提出了若干降低这些不确定性的措施。随着商业数字化的推进，金融机构越来越依赖数字交易，因此金融科技领域的网络安全风险管理显得至关重要。

为管理网络安全威胁、漏洞和风险，金融机构的负责人员应制定网络安全策略。各种网络安全策略用于解决关键性问题,如哪些人员可凭哪些权限访问哪些资源。在这些策略的帮助下,金融科技机构将有能力识别网络威胁,分析网络风险,缓解风险,以保障信息系统和用户敏感信息的安全性。此外,网络弹性策略将有助于限制未授权人员访问和滥用组织资源。

除网络安全策略外,组织还应遵循最高管理层和董事会制定的指导方针、程序和最佳网络安全实践,来确保组织的信息安全。此类治理战略应由组织结构中基层管理人员予以实施。基层管理人员是指在金融机构中执行日常运营工作的技术人员队伍。信息安全治理应与不同关键部分(如政府、客户、利益相关者、媒体和管理层)相整合,因为所有这些组成部分在设计、部署、实施和编制信息安全治理标准方面均发挥着各自作用。

本书接着强调了一个重要概念,即金融市场基础设施,其受网络攻击的影响程度最为严重。在剖析金融市场基础设施的网络安全漏洞和安全问题之前,本书介绍了金融市场基础设施的基本组成部分,包括支付系统、中央证券托管机构、证券结算系统、中央对手方和交易报告库。这些组成部分涉及货币交易的执行、股票市场的股票买卖,以及维护参与实体之间的结算/合同相关的中央数据库。

由于金融市场基础设施涉及归属不同司法管辖区的不同参与实体之间的境内和跨境金融交易,因此某些金融风险可能导致不同基本组成部分受到网络安全威胁。在本书中,金融市场基础设施相关章节列出了金融市场基础设施的基本组成部分所识别的金融风险,并指出了其对应的网络安全目标。我们利用这些网络安全目标,对金融市场中金融风险可能催生的安全问题进行详细研究。

最后基于本书讨论的网络安全管理概念,我们在第9章介绍了为金融科技设计一个全面的网络安全框架的主要要求。为此,每个金融机构都应确定信息技术的范围,确定信息和资产的价值,明确网络安全威胁等级,了解内部威胁,并实施网络安全意识计划。目前有多种标准网络安全框架(如 NIST CSF),可作为全面网络安全框架设计的基础。金融机构可参考这些现有框架,设计满足自身需求的全新网络安全框架。